www.ingramcontent.com/pod-product-compliance
Ingram Content Group UK Ltd.
Pitfield, Milton Keynes, MK11 3LW, UK
UKHW061308171225
9634UKWH00006B/34

9 781778 920349

به نام خالق عشق

گلستان

شیخ مصلح‌الدین سعدی شیرازی

سریال کتاب: H2325100150
عنوان : گلستان سعدی
پدید آورنده: شیخ مصلح الدّین سعدی شیرازی
تصحیح : محمّد علی فروغی
ویراستاری: سید علی هاشمی
گردآوری و نسخه خوانی: مهری صفری اسکویی
صفحه‌آرایی: یاسر صالحی، محبوبه لعل‌پور
طراح جلد: زهرا بگدلی، نغمه کشاورز
شابک: ISBN 978-1-77892-034-9
موضوع: حکایات پندآموز، نظم و نثر مسجع
متا دیتا: Poem ، Farsi
مشخصات کتاب: گالینگور ، رنگی
تعداد صفحات : 250
تاریخ نشر در کانادا: December 2023
به کوشش: سید علی هاشمی، نغمه کشاورز
انتشارات همکار: موسسه انتشارات پارسیان البرز
منتشر شده توسط: خانه انتشارات کیدزوکادو
ونکوور، کانادا

Kidsocado Publishing House

خانه انتشارات کیدزوکادو
ونکوور، کانادا
تلفن : ۸٦٥٤ ٦٢٢ ۸۳۳ ۱ +
واتس آپ: ۷۲٤۸ ۳۳۳ ۲۲٦ ۱+
ایمیل : info@kidsocado.com
وبسایت انتشارات:https://kidsocadopublishinghouse.com
وبسایت فروشگاه:https://kphclub.com

گر کسی وصف او ز من پرسد
بی‌دل از بی‌نشان چه گوید باز
عاشقان کشتگان معشوق‌اند
برنیاید ز کشتگان آواز

مقدمه

سعدی شیرازی، با نام کامل ابومحمّد مُشرف‌الدین مُصلِح بن عبدالله، شاعر و نویسنده بزرگ ایرانی است که در قرن هفتم هجری زندگی میکرده است. بی‌شک سعدی شیرازی یکی از قلّه‌های مرتفع شعر و ادب پارسی است و اگر بخواهند نام پنج شاعر بزرگ فارسی‌زبان را بشمارند، حتما نام سعدی شیرازی نیز در این جمع خواهد بود.

«گلستان» سعدی، خرمای شیرین زبان فارسی است. این کتاب، بدون تردید، یکّه‌تاز میدان نثر فارسی از زمان نگارش تاکنون بوده است. ازاین‌رو، نویسندگان متعددی تلاش کردند که در نثر خود، از شیوه سعدی در کتاب گلستان بهره بگیرند. سعدی این کتاب را در سال ۵۵۶ هجری قمری نوشته است. این اثر، ترکیبی از شعر و نثر است و در ۸ باب (بخش) نوشته شده است. در هر باب، حکایتهایی ذکر شده‌اند که به موضوع همان بخش ارتباط دارند و در لابه‌لای هر حکایت، اشعاری گنجانده شده‌اند که خواندنشان طعم و لذت دیگری به همراه دارد. سعدی در این کتاب هم، درباره مسائل اخلاقی و اجتماعی و... صحبت

می‌کند؛ اما تلاش می‌کند تصویری واقعی از جامعهٔ زمان خود ارائه کند. یکی از هنرهای سعدی در بیان حکایت‌ها، استفاده از داستان‌های کوتاه کوتاه (مینیمال) است که باعث شگفتی خوانندگان می‌شود و یک دنیا معنی را در چند لفظ به مخاطب ارائه می‌کند.

مجموعهٔ حاضر، با هدف گسترش ارتباط ایرانیان و فارسی‌زبانان سراسر دنیا با اشعار سعدی شیرازی آماده شده است. در این اثر، کتاب خواندنی گلستان به شکلی زیبا و درست فراهم شده و به حضور شما خواننده گرامی تقدیم می‌شود. چاپ‌های متعددی از کتاب گلستان سعدی توسط پژوهشگران و اندیشمندان زبان و ادبیات فارسی منتشر و روانه بازار شده است که هر یک در جایگاه خود، حائز اهمیت و قدر و ارزش هستند؛ اما از آنجا که بنای ما در این اثر بر ارائه یک اثر کم‌غلط و خواندنی برای عموم مردم بوده است، دست از نکته‌سنجی‌های موشکافانه کشیدیم و آن را به فرصتی دیگر وانهادیم؛ ازاین‌رو کتاب حاضر را با ویرایش مناسب و بر مبنای چاپ استاد محمّدعلی فروغی از کتاب بوستان سعدی فراهم کردیم. امیدواریم که این تلاش، بتواند جلوه‌گر فرهنگ عظیم ایران باشد.

شاد و سرخوش و خوش‌دل باشید.

فهرست مطالب

باب اول: در سیرت پادشاهان.. ۲۲

باب دوم: در اخلاق درویشان.. ۷۱

باب سوم: در فضلیت قناعت.. ۱۱۱

باب چهارم: در فواید خاموشی.. ۱۴۲

باب پنجم: در عشق و جوانی.. ۱۵۰

باب ششم: در ضعف و پیری.. ۱۷۷

باب هفتم: در تأثیر تربیت ۱۸۶

باب هشتم: در آداب صحبت ۲۱۰

دیباچه

بسم اللهِ الرّحمنِ الرّحیم

منّت خدای را عزّوجل که طاعتش موجب قربت است و به شکر اندرش مزید نعمت. هر نفسی که فرومی‌رود، ممدّ حیات است و چون برمی‌آید مفرّح ذات؛ پس در هر نفسی دو نعمت موجود است و بر هر نعمتی شکری واجب.

از دست و زبان که برآید — کز عهدهٔ شکرش به در آید

«اِعملوا آلَ‌داودَ شکراً وَ قلیلٌ مِن عبادیَ الشکور»

بندهٔ همان به که ز تقصیر خویش — عذر به درگاه خدای آورد
ور نه سزاوار خداوندی‌اش — کس نتواند که به جای آورد

باران رحمت بی‌حسابش همه را رسیده و خوان نعمت بی‌دریغش همه‌جا کشیده. پردهٔ ناموس بندگان به گناه فاحش ندرد و وظیفهٔ روزی به خطای منکر نبرد.

ای کریمی که از خزانهٔ غیب — گبر و ترسا وظیفه‌خور داری
دوستان را کجا کنی محروم — تو که با دشمن این نظر داری

فرّاش باد صبا را گفته تا فرش زمرّدی بگسترد و دایهٔ ابر بهاری را فرموده تا

بَنات نَبات در مهد زمین بپرورد. درختان را به خلعت نوروزی، قبای سبز ورق در بر گرفته و اطفال شاخ را به قدوم موسم رَبیع کلاه شکوفه بر سر نهاده. عُصارهٔ نالی به قدرت او شهد فایق شده و تخم خرمایی به تربیتش نخل باسق گشته.

ابر و باد و مه و خورشید و فلک در کارند — تا تو نانی به کف آریّ و به غفلت نخوری

همه از بهرِ تو سرگشته و فرمان‌بردار — شرط انصاف نباشد که تو فرمان نبری

در خبر است از سرور کاینات و مَفخَر موجودات و رحمت عالمیان و صَفوَت آدمیان و تَتَمّهٔ دور زمان، محمّد مصطفی صلی الله علیه و سلم،

شـفـیـعٌ مُـطـاعٌ نـبـیٌ کـریـم — قَـسـیـمٌ جَـسـیـمٌ نَـسـیـمٌ وَسـیـم

***

چه غم دیوار امّت را که دارد چون تو پشتیبان
چه باک از موج بحر آن را که باشد نوح کشتیبان

***

بَلَغَ العُلی بِکمالِه کَشَفَ الدُّجی بِجَمالِه
حَسُنَتْ جَمیعُ خِصالِه صلّوا علیه و آله

هرگاه که یکی از بندگان گنهکار پریشان‌روزگار، دست اِنابت به امید اجابت به درگاه حق جلّ‌وعلا بردارد، ایزد تعالی در وی نظر نکند. بازش بخواند، باز اِعراض کند. بازش به تضرّع و زاری بخواند، حق سبحانه‌وتعالی فرماید: «یا ملائکتی، قد

استَحْيَيتُ مِن عبدی و لَیس لَهُ غیری، فَقد غَفَرت لَهُ» دعوتش را اجابت کردم و حاجتش برآوردم که از بسیاری دعا و زاری بنده همی شرم دارم.

کـرم بـیـن و لـطـف خـداونـدگـار　　　گنه بنده کرده است و او شرمسار

عاکفان کعبهٔ جلالش به تقصیر عبادت معترف که «ما عبدناکَ حقّ عبادتِک» و واصفان حِلیهٔ جمالش به تحیّر منسوب که «ما عَرَفناکَ حقّ مَعرِفتِک».

گـر کسی وصـف او ز مـن پرسد　　　بـی‌دل از بی‌نشان چه گوید باز

عـاشـقـان کشتگان معشوق‌اند　　　بـرنـیـایـد ز کـشـتـگـان آواز

یکی از صاحب‌دلان سر به جَیب مراقبت فروبرده بود و در بحر مکاشفت مستغرق شده. حالی که از این معامله باز آمد، یکی از دوستان گفت: «از این بستان که بودی ما را چه تحفه کرامت کردی؟» گفت: «به خاطر داشتم که چون به درخت گل رسم، دامنی پر کنم هدیه اصحاب را، چون برسیدم بوی گلم چنان مست کرد که دامنم از دست برفت».

ای مرغ سحر عشق ز پروانه بیاموز　　　کآن سوخته را جان شد و آواز نیامد

این مدّعیان در طلبش بی‌خبرانند　　　کآن را که خبر شد خبری باز نیامد

***

ای برتر از خیال و قیاس و گمان و وهم
وز هرچه گفته‌اند و شنیدیم و خوانده‌ایم

مجلس تمام گشت و به آخر رسید عمر　　ما همچنان در اوّل وصف تو مانده‌ایم

***

ذکر جمیل سعدی که در افواه عوام افتاده است و صِیت سخنش که در بسیط زمین رفته و قَصب‌الجَیب حدیثش که همچون شکر می‌خورند و رقعهٔ منشآتش که چون کاغذ زر می‌برند، بر کمال فضل و بلاغت او حمل نتوان کرد؛ بلکه خداوند جهان و قطب دایرهٔ زمان و قائم‌مقام سلیمان و ناصر اهل ایمان، اتابک اعظم، مظفر الدنیا و الدین، ابوبکر بن سعد بن زنگی، ظلّ الله تعالی فی ارضه، رَبِّ اِرْضَ عَنهُ و اَرْضِه به عین عنایت نظر کرده است و تحسین بلیغ فرموده و ارادت صادق نموده، لاجرم کافهٔ انام از خواص و عوام به محبت او گراییده‌اند که «النّاسُ علی دینِ ملوکِهم».

زآن‌گه که تو را بر من مسکین نظر است　　آثارم از آفتاب مشهورتر است
گر خود همه عیب‌ها بدین بنده در است　　هر عیب که سلطان بپسندد هنر است

***

گِلی خوش‌بوی در حمام روزی　　رسید از دست محبوبی به دستم
بدو گفتم که مشکی یا عبیری　　که از بوی دلاویز تو مستم
بگفتا من گِلی ناچیز بودم　　ولیکن مدّتی با گُل نشستم

کمال همنشین در من اثر کرد   وگرنه من همان خاکم که هستم

اللّهمَ مَتِّع المسلمینَ بطولِ حیاتِه و ضاعِف جمیلَ حسناتِه و ارْفَع درجهَ اودّائه و وُلاتِه وَ دمِّر علی اعدائه و شُناتِه بماتُلِیَ فی القرآن مِنْ آیاتِه. اللّهُم آمِن بَلدَه و احفَظْ وَلَدَه

لَقد سَعِدَ الدُنیا بِهِ دامَ سعدُه   وَ ایّدَه المولی بِاَلویةِ النّصرِ
کذلکَ ینشألینةُ هو عِرقُها   و حُسنُ نباتِ الارضِ من کرمِ البذرِ

ایزد تعالیوتقدس خطهٔ پاک شیراز را به هیبت حاکمان عادل و همّت عالمان عامل تا زمان قیامت در امان سلامت نگه دارد.

اقلیم پارس را غم از آسیب دهر نیست   تا بر سرش بود چو تویی سایه خدا
امروز کس نشان ندهد در بسیط خاک   مانند آستان درت مأمن رضا
بر توست پاس خاطر بیچارگان و شکر   بر ما و بر خدای جهان‌آفرین جزا
یا رب ز باد فتنه نگهدار خاک پارس   چندان که خاک را بود و باد را بقا

***

یک شب تأمل ایام گذشته می‌کردم و بر عمر تلف کرده تأسف می‌خوردم و سنگ سراچهٔ دل به الماس آب دیده می‌سُفتم و این بیت‌ها مناسب حال خود می‌گفتم:

هر دم از عمر می‌رود نفسی　　چون نگه می‌کنم نمانده بسی

ای که پنجاه رفت و در خوابی　　مگر این پنج‌روز دریابی

خجل آن‌کس که رفت و کار نساخت　　کوس رحلت زدند و بار نساخت

خوابِ نوشینِ بامدادِ رحیل　　بازدارد پیاده را ز سبیل

هر که آمد عمارتی نو ساخت　　رفت و منزل به دیگری پرداخت

وآن دگر پخت همچنین هوسی　　وین عمارت به سر نبرد کسی

یار ناپایدار، دوست مدار　　دوستی را نشاید این غدّار

نیک و بد چون همی‌بباید مرد　　خُنُک آن‌کس که گوی نیکی برد

برگ عیشی به گور خویش فرست　　کس نیارد ز پس، ز پیش فرست

عمر برف است و آفتاب تَموز　　اندکی ماند و خواجه غرّه هنوز

ای تهی‌دست رفته در بازار　　ترسمت پر نیاوری دستار

هر که مزروع خود بخورد به خوید　　وقت خرمنش خوشه باید چید

بعد از تأمل این معنی مصلحت چنان دیدم که در نشیمن عزلت نشینم و دامن صحبت فراهم چینم و دفتر از گفت‌های پریشان بشویم و من بعد پریشان نگویم.

به از کسی که نباشد زبانش اندر حکم　　زبان‌بریده به کنجی نشسته صمٌّ بکمٌ

تا یکی از دوستان که در کَجاوه انیس من بود و در حجره جلیس، به رسم قدیم از در درآمد. چندان که نشاط ملاعبت کرد و بساط مداعبت گسترد جوابش نگفتم و سر از زانوی تعبّد برنگرفتم. رنجیده نگه کرد و گفت:

کنونت که امکان گفتار هست   بگو ای برادر به لطف و خوشی
که فردا چو پیک اجل در رسید   به حکم ضرورت زبان درکشی

کسی از متعلقان مَنَش بر حسب واقعه مطلع گردانید که فلان عزم کرده است و نیت جزم که بقیّت عمر معتکف نشیند و خاموشی گزیند، تو نیز اگر توانی سر خویش گیر و راه مُجانبت پیش. گفتا: «به عزت عظیم و صحبت قدیم که دم برنیارم و قدم برندارم مگر آن‌گه که سخن گفته شود به عادت مألوف و طریق معروف که آزردن دوستان جهل است و کفّارت یمین سهل و خلاف راه صواب است و نقص رای اولوالالباب، ذوالفقار علی در نیام و زبان سعدی در کام».

زبان در دهان ای خردمند چیست؟   کلید در گنج صاحب هنر
چو در بسته باشد چه داند کسی   که جوهرفروش است یا پیله‌ور

***

اگرچه پیش خردمند خامُشی ادب است
به وقت مصلحت آن به که در سخن کوشی

دو چیز طیرهٔ عقل است، دم فروبستن به وقت گفتن و گفتن به وقت خاموشی

فی‌الجمله زبان از مکالمهٔ او درکشیدن قوّت نداشتم و روی از محاورهٔ او گردانیدن مروّت ندانستم که یار موافق بود و ارادت صادق.

چو جنگ آوری با کسی بر ستیز
که از وی گزیرت بود یا گریز

به حکم ضرورت سخن گفتم و تفرّج‌کنان بیرون رفتیم در فصل ربیع که صولت برد آرمیده بود و ایام دولت ورد رسیده.

پیراهن برگ بر درختان   چون جامهٔ عید نیک‌بختان
اول اردیبهشت ماه جلالی   بلبل گوینده بر منابر قضبان
بر گل سرخ از نم اوفتاده لآلی   همچو عرق بر عذار شاهد غضبان

شب را به بوستان با یکی از دوستان اتفاق مَبیت افتاد، موضعی خوش و خرّم و درختان در هم. گفتی که خردهٔ مینا بر خاکش ریخته و عقد ثریا از تارکش آویخته.

روضةٌ ماءُ نهرِها سَلسال   دوحةٌ سَجعُ طیرِها موزون
آن پر از لاله‌های رنگارنگ   وین پر از میوه‌های گوناگون
باد در سایهٔ درختانش   گسترانیده فرش بوقلمون

بامدادان که خاطر بازآمدن بر رای نشستن غالب آمد، دیدمش دامنی گل و ریحان و سنبل و ضِیمران فراهم آورده و رغبت شهر کرده. گفتم: «گل بستان را چنان که دانی بقایی و عهد گلستان را وفایی نباشد و حکما گفته‌اند هرچه نپاید دلبستگی را نشاید». گفتا: «طریق چیست؟» گفتم: «برای نُزهت ناظران و فُسحت حاضران، کتاب گلستان توانم تصنیف کردن که باد خزان را بر ورق او دست تطاول نباشد و گردش زمان، عیش ربیعش را به طیش خریف مبدّل نکند».

به چه کار آیدت ز گل طبقی　　　از گلستان من ببر ورقی

گل همین پنج‌روز و شش باشد　　　وین گلستان همیشه خَوش باشد

حالی که من این بگفتم، دامن گل بریخت و در دامنم آویخت که «الکریم اذا وعدَ وفا». فصلی در همان روز اتفاق بیاض افتاد در حسن معاشرت و آداب محاورت، در لباسی که متکلّمان را به کار آید و مترسّلان را بلاغت بیفزاید. فی‌الجمله هنوز از گل بستان، بقیّتی موجود بود که کتاب گلستان تمام شد و تمام آن‌گه شود به حقیقت که پسندیده آید در بارگاه شاه جهان‌پناه، سایهٔ کردگار و پرتو لطف پروردگار، ذُخر زمان و کهف امان، المؤیدُ من السّماء، المنصورُ علی الاعداء، عضدُالدولةِ القاهرةِ سراجُ الملةِ الباهرةِ جمالُ الانامِ مفخرُالاسلام، سعدُ بن الاتابکِ الاعظم، شاهنشاه المعظم، مولی ملوک العرب و العجم، سلطان البرّ و البحر، وارث ملک سلیمان، مظفرالدین ابی‌بکر بن سعد

بن زنگی، ادام‌الله اقبالَهما و ضاعَفَ جَلالَهما وَ جعَل الی کلِّ خیرٍ مآلهما و به کرشمهٔ لطف خداوندی مطالعه فرماید.

گر التفات خداوندی‌اش بیاراید نگارخانه چینی و نقش ارتنگیست

امید هست که روی ملال درنکشد از این سخن که گلستان نه جای دل‌تنگیست

علی‌الخصوص که دیباچهٔ همایونش به نام سعد ابوبکر سعد بن زنگیست

***

دیگر عروس فکر من از بی‌جمالی سر برنیارد و دیدهٔ یأس از پشت پای خجالت برندارد و در زمرهٔ صاحب‌دلان متجلی نشود، مگر آن‌گه که متحلّی گردد به زیور قبول امیر کبیر عالم عادل مؤید مظفر منصور، ظهیر سریر سلطنت و مشیر تدبیر مملکت، کهف الفقرا، ملاذُ الغربا، مربّی الفضلا، محبُّ الاتقیا، افتخار آل‌فارس، یمینُ الملک، ملک الخواص، فخرالدولة والدین، غیاث‌الاسلام و المسلمین، عمدةُ الملوکِ و السلاطین، ابوبکر بنُ ابی‌نصر اطال الله عمرَه و اجلّ قدرَه و شرَح صدرَه و ضاعَف اجرَه که ممدوح اکابر آفاق است و مجموع مکارم اخلاق.

هر که در سایهٔ عنایت اوست گنهش طاعت است و دشمن دوست

به هر یک از سایر بندگان حواشی، خدمتی متعیّن است که اگر در ادای برخی از آن تهاون و تکاسل روا دارند، در معرض خطاب آیند و در محل عتاب، مگر بر

این طایفهٔ درویشان که شکر نعمت بزرگان واجب است و ذکر جمیل و دعای خیر و ادای چنین خدمتی در غیبت اولی‌تر است که در حضور، که آن به تصنّع نزدیک است و این از تکلّف دور.

پشت دوتای فلک، راست شد از خرّمی
تا چو تو فرزند زاد مادر ایام را

حکمت محض است اگر لطف جهان‌آفرین
خاص کند بنده‌ای مصلحت عام را

دولت جاوید یافت، هر که نکونام زیست
کز عقبش ذکر خیر، زنده کند نام را

وصف تو را گر کنند ور نکنند اهل فضل
حاجت مشّاطه نیست روی دلارام را

تقصیر و تقاعدی که در مواظبت خدمت بارگاه خداوندی می‌رود، بنابر آن است که طایفه‌ای از حکمای هندوستان در فضایل بزرجمهر سخن می‌گفتند، به آخر جز این عیبش ندانستند که در سخن گفتن بَطی‌ء است؛ یعنی درنگ بسیار می‌کند و مستمع را بسی منتظر باید بودن تا تقریر سخنی کند. بزرجمهر بشنید و گفت: «اندیشه کردن که چه گویم، به از پشیمانی خوردن که چرا گفتم».

سخندان پرورده پیر کهن
بیندیشد آنگه بگوید سخن

مـزن تـا تـوانـی بـه گـفـتـار دم | نکو گـوی، گـر دیـر گـویی چه غم
بـیـنـدیـش وآن‌گــه بــرآور نفس | و زآن پیش بس کن که گویند بس
به نطق آدمـی بهتر است از دَواب | دواب از تـو بـه گـر نگویی صـواب

فکیف در نظر اعیان حضرت خداوندی عزّ نصرُهُ که مجمع اهل دل است و مرکز علمای متبحر، اگر در سیاقت سخن دلیری کنم، شوخی کرده باشم و بضاعت مزجاة به حضرت عزیز آورده و شَبَه در جوهریان جوی نیارد و چراغ پیش آفتاب پرتوی ندارد و مناره بلند بر دامن کوه الوند پست نماید.

هـر کـه گـردن بـه دعـوی افـرازد | خـویـشـتـن را بـه گـردن انـدازد
سـعـدی افـتـاده‌ایـسـت آزاده | کـس نـیـایـد بـه جـنـگ افـتـاده
اول انـدیـشـه وآنـگـهـی گـفـتـار | پای‌بست آمـده است و پس دیـوار

نخل‌بندی دانم، ولی نه در بستان و شاهدی فروشم ولیکن نه در کنعان. لقمان را گفتند: «حکمت از که آموختی؟» گفت: «از نابینایان که تا جای نبینند، پای ننهند». قدّم الخروجَ قبلَ الولوجُ، مردی‌ات بیازمای و آن‌گه زن کن.

گرچه شاطر بـود خروس به جنگ | چـه زنـد پـیـش بـاز رویـین‌چـنـگ
گربه شیر است در گرفتن موش | لیک مـوش است در مصاف پلنگ

اما به اعتماد سِعَت اخلاق بزرگان که چشم از عوایب زیردستان بپوشند و در

افشای جرائم کهتران نکوشند، کلمه‌ای چند به طریق اختصار از نوادر و امثال و شعر و حکایات و سیر ملوک ماضی رحمهم‌الله در این کتاب درج کردیم و برخی از عمر گران‌مایه بر او خرج. موجب تصنیف کتاب این بود و بالله التوفیق.

بماند سال‌ها این نظم و ترتیب   ز ما هر ذرّه خاک افتاده جایی
غرض نقشیست کز ما بازماند   که هستی را نمی‌بینم بقایی
مگر صاحب‌دلی روزی به رحمت   کند در کار درویشان دعایی

اِمعان نظر در ترتیب کتاب و تهذیب ابواب، ایجاز سخن مصلحت دید تا بر این روضهٔ غنا و حدیقهٔ علیا، چون بهشت، هشت باب اتفاق افتاد. از آن مختصر آمد تا به ملال نینجامد.

باب اوّل: در سیرت پادشاهان   باب دوم: در اخلاق درویشان
باب سوم: در فضیلت قناعت   باب چهارم: در فواید خاموشی
باب پنجم: در عشق و جوانی   باب ششم: در ضعف و پیری
باب هفتم: در تأثیر تربیت   باب هشتم: در آداب صحبت

در این مدت که ما را وقت خوش بود   ز هجرت ششصد و پنجاه و شش بود
مراد ما نصیحت بود و گفتیم   حوالت با خدا کردیم و رفتیم

باب اول

در سیرت پادشاهان

حکایت

پادشاهی را شنیدم به کشتنِ اسیری اشارت کرد. بیچاره در آن حالت نومیدی ملک را دشنام دادن گرفت و سقط گفتن که گفته‌اند: «هر که دست از جان بشوید، هرچه در دل دارد بگوید».

وقـت ضـرورت چـو نـمـانـد گریز　　　دسـت بـگـیـرد سـر شمشیر تیز

***

اذا یـئِـسَ الانـسـانُ طـالَ لِـسـانُـهُ　　　کَسَنَّورٍ مغلوبٍ یَصولُ عَلی الکلبِ

ملک پرسید: «چه می‌گوید؟» یکی از وزرای نیک‌محضر گفت: «ای خداوند همی‌گوید: وَ الْکاظِمینَ الغَیْظَ وَ الْعافِینَ عَنِ النّاسِ». ملک را رحمت آمد و از سر خون او درگذشت. وزیر دیگر که ضدّ او بود، گفت: «ابنای جنس ما را نشاید در حضرت پادشاهان جز به راستی سخن گفتن. این ملک را دشنام داد و ناسزا گفت». ملک روی از این سخن در هم آورد و گفت: «آن دروغ وی پسندیده‌تر آمد

مرا زین راست که تو گفتی که روی آن در مصلحتی بود و بنای این بر خبثی و خردمندان گفته‌اند: دروغی مصلحت‌آمیز به که راستی فتنه‌انگیز».

هر که شاه آن کُند که او گوید   حیف باشد که جز نکو گوید

***

بر طاق ایوان فریدون نبشته بود:

جهان ای برادر نماند به کس   دل اندر جهان‌آفرین بند و بس

مکن تکیه بر ملک دنیا و پشت   که بسیارکس چون تو پرورد و کشت

چو آهنگ رفتن کند جان پاک   چه بر تخت مردن چه بر روی خاک

حکایت

یکی از ملوک خراسان، محمود سبکتکین را به خواب چنان دید که جمله وجود او ریخته بود و خاک شده مگر چشمان او که همچنان در چشم‌خانه همی‌گردید و نظر می‌کرد. سایر حکما از تأویل این فروماندند، مگر درویشی که به جای آورد و گفت: «هنوز نگران است که ملکش با دگران است».

بس نامور به زیر زمین دفن کرده‌اند
کز هستی‌اش به روی زمین بر نشان نماند

وآن پیر لاشه را که سپردند زیر گل
خاکش چنان بخورد، که زو استخوان نماند

زنده است نام فرّخ نوشیروان به خیر
گرچه بسی گذشت که نوشیروان نماند

خیری کن ای فلان و غنیمت‌شمار عمر
زآن پیش‌تر که بانگ برآید: فلان نماند

حکایت

ملک‌زاده‌ای را شنیدم که کوتاه بود و حقیر و دیگر برادران بلند و خوب‌روی. باری پدر به کراهت و استحقار در او نظر می‌کرد، پسر به فراست و استبصار به جای آورد و گفت: «ای پدر! کوتاهِ خردمند، به که نادان بلند. نه هرچه به قامت مهتر به قیمت بهتر. الشاةُ نَظیفَةٌ وَ الفیلُ جیفَةٌ».

اقلُّ جِبالِ الارضِ طورٌ و اِنّهُ　　لَاَعظَمُ عندَاللهِ قدراً وَ منزلا

***

آن شنیدی که لاغری دانا　　گفت باری به ابلهی فربه

اسب تازی وگر ضعیف بود　　همچنان از طویله‌ای خر به

پدر بخندید و ارکان دولت بپسندیدند و برادران به جان برنجیدند.

تا مرد سخن نگفته باشد　　عیب و هنرش نهفته باشد

هـر پیسـه گمـان مبـر نهـالی   باشـد کـه پلنـگ خفتـه بـاشد

شنیدم که ملک را در آن قرب دشمنی صعب روی نمود؛ چون لشکر از هر دو طرف روی در هم آوردند، اول کسی که به میدان درآمد این پسر بود؛ گفت:

آن نه من باشم که روز جنگ بینی پشت من
آن منم گر در میان خاک و خون بینی سری

کآن که جنگ آرد به خون خویش بازی می‌کند
روز میدان و آن که بگریزد به خون لشکری

این بگفت و بر سپاه دشمن زد و تنی چند مردان کاری بینداخت. چون پیش پدر آمد، زمین خدمت ببوسید و گفت:

ای که شخص مَنَت حقیر نمود   تا درشتـی هنـر نپنـداری
اسـب لاغرمیـان بـه کـار آیـد   روز میـدان نـه گـاو پـرواری

آورده‌اند که سپاه دشمن بسیار بود و اینان اندک. جماعتی آهنگ گریز کردند. پسر نعره زد و گفت: ای مردان بکوشید یا جامه زنان بپوشید. سواران را بگفتن او تهوّر زیادت گشت و به یک بار حمله آوردند. شنیدم که هم در آن روز بر دشمن ظفر یافتند. ملک سر و چشمش ببوسید و در کنار گرفت و هر روز نظر بیش کرد تا ولیعهد خویش کرد.

برادران حسد بردند و زهر در طعامش کردند. خواهر از غرفه بدید. دریچه

بر هم زد. پسر دریافت و دست از طعام کشید و گفت: محالست که هنرمندان بمیرند و بی‌هنران جای ایشان بگیرند.

کـس نیایـد بـه زیـر سایـه بـوم   ور همای از جهان شـود معدوم

پدر را از این حال آگهی دادند. برادرانش را بخواند و گوشمالی به واجب بداد. پس هر یکی را از اطراف بلاد حصّه‌ای معین کرد تا فتنه بنشست و نزاع برخاست که ده درویش در گلیمی بخسبند و دو پادشاه در اقلیمی نگنجند.

نیـم‌نانـی گـر خـورد مـرد خدا   بـذل درویـشـان کند نیمی دگر
مـلـک اقلیـمـی بگیـرد پادشـاه   همچنان در بند اقلیمی دگر

حکایت

طایفه دزدان عرب بر سر کوهی نشسته بودند و منفذ کاروان بسته و رعیت بلدان از مکاید ایشان مرعوب و لشکر سلطان مغلوب به حکم آنکه ملاذی منیع از قلّه کوهی گرفته بودند و ملجأ و مأوای خود ساخته. مدبران ممالک آن طرف در دفع مضرّت ایشان مشاورت همی‌کردند که اگر این طایفه هم بر این نسق روزگاری مداومت نمایند، مقاومت ممتنع گردد.

درختی که اکنون گرفته است پای   به نیـروی شخصی برآیـد ز جای
وگـر هـمچـنـان روزگـــاری هلی   بـه گـردونــش از بیـخ برنگسلی

سر چشمه شاید گرفتن به بیل　　　چو پر شد نشاید گذشتن به پیل

سخن بر این مقرر شد که یکی به تجسس ایشان برگماشتند و فرصت نگاه می‌داشتند. تا وقتی که بر سر قومی رانده بودند و مقام خالی مانده، تنی چند مردان واقعه‌دیده جنگ‌آزموده را بفرستادند تا در شعب جبل پنهان شدند. شبانگاهی که دزدان بازآمدند، سفر کرده و غارت آورده، سلاح از تن بگشادند و رخت و غنیمت بنهادند. نخستین دشمنی که بر سر ایشان تاختن آورد، خواب بود. چندان که پاسی از شب در گذشت،

قـرص خورشید در سیاهی شد　　　یـونـس انـدر دهـان مـاهـی شد

مردان دلاور از کمین به در جستند و دست یکان‌یکان بر کتف بستند و بامدادان به درگاه ملک حاضر آوردند. همه را به کشتن اشارت فرمود. اتفاقاً در آن میان جوانی بود، میوه عنفوان شبابش نورسیده و سبزه گلستان عذارش نودمیده. یکی از وزرا پای تخت ملک را بوسه داد و روی شفاعت بر زمین نهاد و گفت: این پسر هنوز از باغ زندگانی بر نخورده و از ریعان جوانی تمتع نیافته. توقّع به کرم و اخلاق خداوندی است که به بخشیدن خون او بر بنده منت نهد. ملک روی از این سخن در هم کشید و موافق رای بلندش نیامد و گفت:

پرتو نیکان نگیرد، هر که بنیادش بد است
تربیت نااهل را چون گردکان بر گنبد است

نسل فساد اینان منقطع کردن اولی‌تر است و بیخ تبار ایشان برآوردن که آتش نشاندن و اخگر گذاشتن و افعی کشتن و بچه نگه داشتن کار خردمندان نیست.

ابر اگر آب زندگی بارد — هرگز از شاخ بید بر نخوری
با فرومایه روزگار مبر — کز نی بوریا شکر نخوری

وزیر این سخن بشنید. طوعاً و کرهاً بپسندید و بر حُسن رای ملک آفرین خواند و گفت: آنچه خداوند دام‌ملکه فرمود، عین حقیقت است که اگر در صحبت آن بدان تربیت یافتی، طبیعت ایشان گرفتی و یکی از ایشان شدی؛ امّا بنده امیدوار است که در صحبت صالحان تربیت پذیرد و خوی خردمندان گیرد که هنوز طفل است و سیرت بَغی و عناد در نهاد او متمکّن نشده و در خبر است: کلُّ مولود یولدُ علی الفطرةِ فَاَبواهُ یهوّدانَه وَ یُنصرانه و یُمجّسانِه.

با بدان یار گشت همسر لوط — خاندان نبوّتش گم شد
سگ اصحاب کهف روزی چند — پی نیکان گرفت و مردم شد

این بگفت و طایفه‌ای از ندمای ملک با وی به شفاعت یار شدند تا ملک از سر خون او درگذشت و گفت: بخشیدم اگرچه مصلحت ندیدم.

دانی که چه گفت زال با رستم گرد — دشمن نتوان حقیر و بیچاره شمرد
دیدیم بسی که آب سرچشمه خرد — چون بیشتر آمد، شتر و بار ببرد

فی‌الجمله پسر را به ناز و نعمت برآوردند و استادان به تربیت او نصب کردند تا حسن خطاب و ردّ جواب و آداب خدمت ملوکش درآموختند و در نظر همگان پسندیده آمد. باری وزیر از شمایل او در حضرت ملک شمّه‌ای می‌گفت که تربیت عاقلان در او اثر کرده است و جهل قدیم از جبلّت او به در برده. ملک را تبسم آمد و گفت:

عـاقـبـت گـــرگ‌زاده گـرگ شــود   گــرچــه بــا آدمــی بــزرگ شــود

سالی دو بر این برآمد. طایفه اوباش محلت بدو پیوستند و عقد موافقت بستند تا به وقت فرصت وزیر و هر دو پسرش را بکشت و نعمت بی‌قیاس برداشت و در مُغاره دزدان به جای پدر بنشست و عاصی شد. ملک دست تحسّر به دندان گزیدن گرفت و گفت:

شمشیر نیک از آهن بد چون کند کسی
ناکس به تربیت نشود، ای حکیم کس
باران که در لطافت طبعش خلاف نیست
در باغ لاله روید و در شوره‌بوم خس

***

زمـیـن شـــوره سنبـل برنیارد   در او تخم و عمل ضایع مگردان
نکویی با بدان کردن چنان است   که بد کردن به جای نیک مردان

حکایت

سرهنگ‌زاده‌ای را بر در سرای اغلمش دیدم که عقل و کیاستی و فهم و فراستی زایدالوصف داشت؛ هم از عهد خردی، آثار بزرگی در ناصیه او پیدا.

بـــالای ســـرش ز هـوشـمـنـدی   مـی‌تـافـت ســتـاره بـلـنـدی

فی‌الجمله مقبول نظر سلطان آمد که جمال صورت و معنی داشت و خردمندان گفته‌اند: توانگری به هنر است، نه به مال و بزرگی به عقل، نه به سال. ابنای جنس او بر منصب او حسد بردند و به خیانتی متهم کردند و در کشتن او سعی بی‌فایده نمودند:

دشمن چه زند، چو مهربان باشد دوست

ملک پرسید که موجب خصمی اینان در حق تو چیست؟ گفت: در سایه دولت خداوندی دام‌مُلکُه همگنان را راضی کردم، مگر حسود را که راضی نمی‌شود؛ الاّ به زوال نعمت من و اقبال و دولت خداوند باد.

تـوانـم آنـکـه نـیـازارم انـدرون کسی
حسود را چه کنم کو ز خود به رنج در است

بمیر تا برهی ای حسود کاین رنجیست
که از مشقّت آن جز به مرگ نتوان رست

***

شوربختان به آرزو خواهند مقبلان را زوال نعمت و جاه
گر نبیند به روز شب‌پره چشم چشمه آفتاب را چه گناه
راست خواهی هزار چشم چنان کور بهتر که آفتاب سیاه

حکایت

یکی را از ملوک عجم حکایت کنند که دست تطاول به مال رعیت دراز کرده بود و جور و اذیت آغاز کرده تا به جایی که خلق از مکاید فعلش به جهان برفتند و از کُربَت جورش راه غربت گرفتند. چون رعیت کم شد، ارتفاع ولایت نقصان پذیرفت و خزانه تهی ماند و دشمنان زور آوردند.

هر که فریادرس روز مصیبت خواهد
گو در ایام سلامت به جوانمردی کوش

بندهٔ حلقه به گوش ار ننوازی برود
لطف کن، لطف که بیگانه شود حلقه به گوش

باری به مجلس او در کتاب شاهنامه همی‌خواندند در زوال مملکت ضحّاک و عهد فریدون. وزیر، ملک را پرسید: هیچ توان دانستن که فریدون که گنج و ملک و حشم نداشت، چگونه بر او مملکت مقرّر شد؟ گفت: آن‌چنان که شنیدی، خلقی بر او به تعصب گرد آمدند و تقویت کردند و پادشاهی یافت. گفت: ای

ملک! چو گردآمدن خلقی موجب پادشاهی است، تو مر خلق را پریشان برای چه می‌کنی؟ مگر سر پادشاهی کردن نداری؟

همان به که لشکر به جان پروری   که سلطان به لشکر کند سروری

ملک گفت: موجب گردآمدن سپاه و رعیت چه باشد؟ گفت: پادشه را کرم باید تا بر او گرد آیند و رحمت تا در پناه دولتش ایمن نشینند و تو را این هر دو نیست».

نکند جور پیشه سلطانی   که نیاید ز گرگ، چوپانی
پادشاهی که طرح ظلم افکند   پای دیوار ملک خویش بکند

ملک را پند وزیر ناصح، موافق طبع مخالف نیامد. روی از این سخن در هم کشید و به زندانش فرستاد. بسی برنیامد که بنی‌عمّ سلطان به منازعت خاستند و ملک پدر خواستند. قومی که از دست تطاول او به جان آمده بودند و پریشان شده، بر ایشان گرد آمدند و تقویت کردند تا ملک از تصرف این به در رفت و بر آنان مقرر شد.

پادشاهی کو روا دارد ستم بر زیردست
دوستدارش روز سختی دشمن زورآور است

با رعیت صلح کن، وز جنگ خصم ایمن نشین
زان که شاهنشاه عادل را رعیت لشکر است

حکایت

پادشاهی با غلامی عجمی در کشتی نشست و غلام، دیگر دریا را ندیده بود و محنت کشتی نیازموده. گریه و زاری در نهاد و لرزه بر اندامش اوفتاد. چندان که ملاطفت کردند، آرام نمی‌گرفت و عیش ملک از او منغّص بود. چاره ندانستند. حکیمی در آن کشتی بود، ملک را گفت: اگر فرمان دهی من او را به طریقی خامُش گردانم. گفت: غایت لطف و کرم باشد.

بفرمود تا غلام به دریا انداختند. باری چند غوطه خورد؛ مویش گرفتند و پیش کشتی آوردند. به دو دست در سکّان کشتی آویخت. چون برآمد، به گوشه‌ای بنشست و قرار یافت. ملک را عجب آمد. پرسید: در این چه حکمت بود؟ گفت: از اول محنت غرقه شدن نچشیده بود و قدر سلامت کشتی نمی‌دانست. همچنین قدر عافیت کسی داند که به مصیبتی گرفتار آید.

ای سیر تو را نان جوین خوش ننماید
معشوق من است، آن که به نزدیک تو زشت است

حوران بهشتی را دوزخ بود اَعراف
از دوزخیان پرس که اعراف بهشت است

***

فرق است میان آن که یارش در بر   تا آن که دو چشم انتظارش بر در

حکایت

هرمز را گفتند: وزیران پدر را چه خطا دیدی که بند فرمودی؟ گفت: خطایی معلوم نکردم، ولیکن دیدم که مهابت من در دل ایشان بی‌کران است و بر عهد من اعتماد کلی ندارند. ترسیدم از بیم گزند خویش، آهنگ هلاک من کنند. پس قول حکما را کار بستم که گفته‌اند:

از آن کز تو ترسد، بترس ای حکیم	وگر با چون او صد برآیی به جنگ
از آن مار بر پای راعی زند	که ترسد سرش را بکوبد به سنگ
نبینی که چون گربه عاجز شود	برآرد به چنگال، چشم پلنگ؟

حکایت

یکی از ملوک عرب رنجور بود در حالت پیری و امید زندگانی قطع کرده که سواری از در درآمد و بشارت داد که فلان قلعه را به دولت خداوند گشادیم و دشمنان اسیر آمدند و سپاه و رعیت آن طرف بجملگی مطیع فرمان گشتند. ملک نفسی سرد برآورد و گفت: این مژده مرا نیست، دشمنانم راست؛ یعنی وارثان مملکت.

بدین امید به سر شد دریغ عمر عزیز
که آنچه در دلم است از درم فرازآید

امید بسته برآمد، ولی چه فایده زانک
امید نیست که عمر گذشته بازآید

***

کوس رحلت بکوفت دست اجل — ای دو چشمم وداع سر بکنید
ای کف دست و ساعد و بازو — همه تودیع یکدگر بکنید
بر منِ اوفتاده دشمن‌کام — آخر ای دوستان گذر بکنید
روزگارم بشد به نادانی — من نکردم، شما حذر بکنید

حکایت

بر بالین تربت یحیی پیغامبر علیه‌السلام معتکف بودم در جامع دمشق که یکی از ملوک عرب که به بی‌انصافی منسوب بود، اتفاقاً به زیارت آمد و نماز و دعا کرد و حاجت خواست.

درویش و غنی بنده این خاک درند — و آنان که غنی‌ترند محتاج‌ترند

آن‌گه مرا گفت: از آن جا که همت درویشان است و صدق معاملت ایشان، خاطری

همراه من کنید که از دشمنی صعب اندیشناکم. گفتمش بر رعیت ضعیف رحمت کن تا از دشمن قوی زحمت نبینی.

بــه بــازوان تـوانــا و قــوت ســر دســت
خطاست پنجهٔ مسکین ناتوان بشکست

نترسد آن که بـر افتادگان نبخشاید
که گر ز پای درآید کسش نگیرد دست؟

هر آن که تخم بدی کشت و چشم نیکی داشت
دمـاغ بیهده پخت و خیال باطل بست

ز گـوش، پنبه بـرون آر و داد خلق بده
وگر تو می‌ندهی داد، روز دادی هست

***

بــنـی‌آدم اعــضــای یــک پیکرند   که در آفرینش ز یـک گوهرند
چو عضوی به درد آورد روزگار   دگـر عضـوهـا را نمـانـد قـرار
تو کـز محنـت دیـگران بی‌غمی   نشاید که نامت نهند آدمـی

حکایت

درویشی مستجاب‌الدعوه در بغداد پدید آمد. حَجّاج یوسف را خبر کردند. بخواندش و گفت: دعای خیری بر من کن. گفت: خدایا جانش بستان. گفت:

از بهرِ خدای این چه دعاست؟ گفت: این دعای خیر است تو را و جمله مسلمانان را.

ای زبردست زیردست‌آزار   گرم تا کی بماند این بازار

***

به چه کار آیدت جهان‌داری   مُردنت به که مردم آزاری

حکایت

یکی از ملوک بی‌انصاف، پارسایی را پرسید: از عبادت‌ها کدام فاضل‌تر است؟ گفت: تو را خواب نیمروز تا در آن یک‌نفس خلق را نیازاری.

ظالمی را خفته دیدم نیمروز   گفتم این فتنه است، خوابش برده بِه

وآن که خوابش بهتر از بیداری است   آن‌چنان بد زندگانی مرده به

حکایت

یکی از ملوک را شنیدم که شبی در عشرت روز کرده بود و در پایان مستی همی‌گفت:

ما را به جهان خوش‌تر از این یک دم نیست

کز نیک و بد اندیشه و از کس غم نیست

درویشی به سرما برون خفته بود و گفت:

ای آن که به اقبال تو در عالم نیست
گیرم که غمت نیست، غم ما هم نیست؟

ملک را خوش آمد. صرّه‌ای هزار دینار از روزن برون داشت که دامن بدار ای درویش. گفت: دامن از کجا آرم که جامه ندارم. ملک را بر حال ضعیف او رقّت زیادت شد و خلعتی بر آن مزید کرد و پیشش فرستاد. درویش مر آن نقد و جنس را به اندک زمان بخورد و پریشان کرد و بازآمد.

قرار بر کف آزادگان نگیرد مال — نه صبر در دل عاشق، نه آب در غربال

در حالتی که ملک را پروای او نبود حال بگفتند. به هم برآمد و روی از او در هم کشید و از اینجا گفته‌اند اصحاب فطنت و خُبرت که از حِدّت و سَورت پادشاهان بر حذر باید بودن که غالب همت ایشان به معظمات امور مملکت متعلق باشد و تحمل ازدحام عوام نکند.

حرامش بود نعمت پادشاه — که هنگام فرصت ندارد نگاه
مجال سخن تا نبینی ز پیش — به بیهوده گفتن مبر قدر خویش

گفت: این گدای شوخ مبذّر را که چندان نعمت به چندین مدّت برانداخت برانید که خزانه بیت‌المال لقمه مساکین است، نه طعمهٔ اخوان الشیاطین.

ابلهی کو روز روشن شمع کافوری نهد
زود بینی کش به شب روغن نباشد در چراغ

یکی از وزرای ناصح گفت: ای خداوند! مصلحت آن بینم که چنین کسان را وجه کفاف به تفاریق مجری دارند تا در نفقه اسراف نکنند، امّا آنچه فرمودی از زجر و منع، مناسب حال ارباب همت نیست، یکی را به لطف امیدوار گردانیدن و باز به نومیدی خسته کردن.

به روی خود در طمّاع باز نتوان کرد
چو بازشد به درشتی فراز نتوان کرد

***

کس نبیند که تشنگان حجاز   به سر آب شور گرد آیند
هر کجا چشمه‌ای بود شیرین   مردم و مرغ و مور گرد آیند

حکایت

یکی از پادشاهان پیشین در رعایت مملکت سستی کردی و لشکر به سختی داشتی. لاجرم دشمنی صعب روی نهاد، همه پشت بدادند.

چو دارند گنج از سپاهی دریغ   دریغ آیدش دست بردن به تیغ

یکی را از آنان که عذر کردند با من دَمِ دوستی بود. ملامت کردم و گفتم: دون

است و بی‌سپاس و سفله و ناحق‌شناس که به اندک تغیّر حال از مخدوم قدیم برگردد و حقوق نعمت سال‌ها درنوردد. گفت: ار به کرم معذور داری شاید که اسبم در این واقعه بی‌جو بود و نمدزین به گرو و سلطان که به زر بر سپاهی بخیلی کند، با او به جان جوانمردی نتوان کرد.

زر بده مرد سپاهی را تا سر بنهد
وگرش زر ندهی سر بنهد در عالم

***

اذا شبعَ الکمیُ یَصولُ بَطشاً   وَ خاوی البطنِ یَبْطِشُ بِالفَرارِ

حکایت

یکی از وزرا معزول شد و به حلقه درویشان درآمد. اثر برکت صحبت ایشان در او سرایت کرد و جمعیت خاطرش دست داد. ملک بار دیگر بر او دل خوش کرد و عمل فرمود. قبولش نیامد و گفت: معزولی به نزد خردمندان، بهتر که مشغولی.

آنان که به کنج عافیت بنشستند   دندان سگ و دهان مردم بستند
کاغذ بدریدند و قلم بشکستند   وز دست زبان حرفگیران رستند

ملک گفتا: هرآینه ما را خردمندی کافی باید که تدبیر مملکت را بشاید. گفت: ای

ملک! نشان خردمند کافی جز آن نیست که به چنین کارها تن ندهد.

همای بر همه مرغان از آن شرف دارد که استخوان خورد و جانور نیازارد

سیه‌گوش را گفتند: تو را ملازمت صحبت شیر به چه وجه اختیار افتاد؟ گفت: تا فضله صیدش می‌خورم و از شر دشمنان در پناه صولت او زندگانی می‌کنم. گفتندش: اکنون که به ظلّ حمایتش درآمدی و به شکر نعمتش اعتراف کردی، چرا نزدیک‌تر نیایی تا به حلقه خاصانت درآرد و از بندگان مخلصت شمارد؟ گفت: همچنان از بطش او ایمن نیستم.

اگـر صـد سـال گبـر آتـش فـروزد   اگر یـک‌دم در او افتـد بسـوزد

افتد که ندیم حضرت سلطان را زر بیاید و باشد که سر برود و حکما گفته‌اند: از تلوّن طبع پادشاهان بر حذر باید بودن که وقتی به سلامی برنجند و دیگر وقت به دشنامی خلعت دهند و آورده‌اند که ظرافت بسیار کردن هنر ندیمان است و عیب حکیمان.

تو بر سر قدر خویشتن باش و وقار   بازی و ظرافت به ندیمان بگذار

حکایت

یکی از رفیقان، شکایت روزگار نامساعد به نزد من آورد که کفاف اندک دارم و عیال بسیار و طاقت بار فاقه نمی‌آرم. بارها در دلم آمد که به اقلیمی دیگر نقل کنم تا در هر آن صورت که زندگانی کرده شود، کسی را بر نیک و بد من اطلاع نباشد.

بس گرسنه خفت و کس ندانست که کیست
بس جان به لب آمد که بر او کس نگریست

باز از شماتت اعدا براندیشم که به طعنه در قفای من بخندند و سعی مرا در حق عیال بر عدم مروّت حمل کنند و گویند:

مبین آن بی‌حمیّت را که هرگز   نخواهد دید روی نیکبختی
که آسانی گزیند خویشتن را   زن و فرزند بگذارد به سختی

و در علم محاسبت چنان که معلوم است، چیزی دانم. اگر به جاه شما جهتی معین شود که موجب جمعیت‌خاطر باشد، بقیت عمر از عهدهٔ شکر آن نعمت برون آمدن نتوانم. گفتم: عمل پادشاه، ای برادر دو طرف دارد؛ امید و بیم؛ یعنی امید نان و بیم جان و خلاف رای خردمندان باشد، بدان امید متعرض این بیم شدن.

کس نیاید به خانهٔ درویش   که خراج زمین و باغ بده
یا به تشویش و غصه راضی باش   یا جگربند پیش زاغ بنه

گفت: این مناسب حال من نگفتی و جواب سؤال من نیاوردی. نشنیده‌ای که هر که خیانت ورزد، پشتش از حساب بلرزد؟

راستی موجب رضای خداست   کس ندیدم که گم شد از ره راست

و حکما گویند: چهار کس از چهار کس به جان برنجند؛ حرامی از سلطان و دزد از پاسبان و فاسق از غمّاز و روسپی از محتسب و آن را که حساب پاک است از محاسبه چه باک است.

مکن فراخ‌روی در عمل اگر خواهی
که وقت رفع تو باشد مجال دشمن تنگ
تو پاک باش و مدار از کس ای برادر باک
زنند جامهٔ ناپاک گازران بر سنگ

گفتم حکایت آن روباه مناسب حال توست که دیدندش گریزان و بی‌خویشتن افتان‌وخیزان. کسی گفتش: چه آفت است که موجب مخافت است؟ گفتا: شنیده‌ام که شتر را به سخره می‌گیرند.

گفت: ای سفیه! شتر را با تو چه مناسبت است؟ و تو را بدو چه مشابهت؟ گفت: خاموش که اگر حسودان به غرض گویند: شتر است و گرفتار آیم که را

غم تخلیص من دارد تا تفتیش حال من کند و تا تریاق از عراق آورده شود، مارگزیده مرده بود. تو را همچنین فضل است و دیانت و تقوی و امانت، امّا متعنتان در کمین‌اند و مدّعیان گوشه‌نشین. اگر آنچه حسن سیرت توست به خلاف آن تقریر کنند و در معرض خطاب پادشاه افتی، در آن حالت که را مجال مقالت باشد؟ پس مصلحت آن بینم که ملک قناعت را حراست کنی و ترک ریاست گویی.

به دریا در منافع بی‌شمار است وگر خواهی سلامت، بر کنار است

رفیق این سخن بشنید و به هم برآمد و روی از حکایت من در هم کشید و سخن‌های رنجش‌آمیز گفتن گرفت؛ کاین چه عقل و کفایت است و فهم و درایت. قول حکما درست آمد که گفته‌اند: دوستان به زندان به کار آیند که بر سفره همه دشمنان دوست‌نمایند.

دوست مشمار آن که در نعمت زند لاف یاری و برادرخواندگی
دوست آن دانم که گیرد دست دوست در پریشان‌حالی و درماندگی

دیدم که متغیّر می‌شود و نصیحت به غرض می‌شنود. به نزدیک صاحب‌دیوان رفتم، به سابقه معرفتی که در میان ما بود و صورت حالش بیان کردم و اهلیت و استحقاقش بگفتم تا به کاری مختصرش نصب کردند. چندی بر این برآمد. لطف طبعش را بدیدند و حسن تدبیرش را بپسندیدند و کارش از آن درگذشت

و به مرتبتی والاتر از آن متمکن شد. همچنین نجم سعادتش در ترقی بود تا به اوج ارادت برسید و مقرّب حضرت و مشارٌالیه و معتمدٌعلیه گشت. بر سلامت حالش شادمانی کردم و گفتم:

زکار بسته میندیش و دل شکسته مدار
که آب چشمه حیوان درون تاریکی است

***

الا لا یجأرَنّ اخو البلیّة   فللرّحمنِ الطافٌ خَفیّه

***

منشین تُرُش از گردش ایام که صبر
تلخ است ولیکن بر شیرین دارد

در آن قربت مرا با طایفه‌ای یاران اتفاق سفر افتاد. چون از زیارت مکه بازآمدم، دو منزلم استقبال کرد. ظاهر حالش را دیدم پریشان و در هیأت درویشان. گفتم: چه حالت است؟ گفت: آن‌چنان که تو گفتی، طایفه‌ای حسد بردند و به خیانتم منسوب کردند و ملک دام‌مُلکُه در کشف حقیقت آن استقصا نفرمود و یاران قدیم و دوستان حمیم از کلمهٔ حق خاموش شدند و صحبت دیرین فراموش کردند.

نبینی که پیش خداوند جاه   نیایش‌کنان دست بر بر نهند

اگـر روزگـــارش درآرد ز پـای		همـه عـالـمش پـای بـر سـر نهند

فی‌الجمله به انواع عقوبت گرفتار بودم تا در این هفته که مژده سلامت حجاج برسید، از بند گرانم خلاص کردند و ملک موروثم خاص. گفتم: آن نوبت اشارت من قبولت نیامد که گفتم: عمل پادشاهان چون سفر دریاست، خطرناک و سودمند، یا گنج برگیری یا در طلسم بمیری.

یا زر به هر دو دست کند خواجه در کنار
یا مـوج روزی افکندش مـرده بـر کنار

مصلحت ندیدم از این بیش ریش درونش به ملامت خراشیدن و نمک پاشیدن. بدین کلمه اختصار کردم:

ندانسـتی کـه بینی بـند بـر پـای		چـو در گـوشـت نیامد پـند مـردم
دگـر رہ چـون نـداری طاقت نیش		مـکـن انـگـشـت در سـوراخ کـژدم

حکایت

تنی چند از روندگان در صحبت من بودند، ظاهرِ ایشان به صلاح آراسته و یکی را از بزرگان در حق این طایفه حسن‌ظنّی بلیغ و ادراری معین کرده تا یکی از اینان حرکتی کرد، نه مناسب حال درویشان. ظنّ آن شخص فاسد شد و بازار اینان کاسد. خواستم تا به طریقی کفاف یاران مستخلص کنم. آهنگ خدمتش کردم. دربانم رها نکرد و جفا کرد و معذورش داشتم که لطیفان گفته‌اند:

در میر و وزیر و سلطان را بی‌وسیلت مگرد پیرامن
سگ و دربان چو یافتند غریب این گریبانش گیرد، آن دامن

چندان که مقرّبان حضرت آن بزرگ بر حال من وقوف یافتند و به اکرام درآوردند و برتر مقامی معین کردند، اما به تواضع فروتر نشستم و گفتم:

بگذار که بندهٔ کمینم تا در صف بندگان نشینم
گفت الله الله چه جای این سخن است؟ گر بر سر و چشم ما نشینی
بارت بکشم که نازنینی

فی‌الجمله بنشستم و از هر دری سخن پیوستم تا حدیث زلّت یاران در میان آمد و گفتم:

چه جرم دید خداوند سابق الانعام
که بنده در نظر خویش خوار می‌دارد؟
خدای راست مسلم بزرگواری و حکم
که جرم بیند و نان برقرار می‌دارد

حاکم این سخن را عظیم بپسندید و اسباب معاش یاران فرمود تا بر قاعدهٔ ماضی مهیا دارند و معونت ایام تعطیل وفا کنند. شکر نعمت بگفتم و زمین خدمت ببوسیدم و عذر جسارت بخواستم و در وقت برون آمدن گفتم:

چو کعبه قبله حاجت شد از دیار بعید   روند خلق به دیدارش از بسی فرسنگ
تو را تحمل امثال ما بباید کرد   که هیچ‌کس نزند بر درخت بی‌بر، سنگ

حکایت

ملک‌زاده‌ای گنج فراوان از پدر میراث یافت. دست کرم برگشاد و داد سخاوت بداد و نعمت بی‌دریغ بر سپاه و رعیت بریخت.

نیاساید مشام از طبلهٔ عود   بر آتش نه که چون عنبر ببوید
بزرگی بایدت بخشندگی کن   که دانه تا نیفشانی نروید

یکی از جُلسای بی‌تدبیر، نصیحتش آغاز کرد که ملوک پیشین مر این نعمت را به سعی اندوخته‌اند و برای مصلحتی نهاده. دست از این حرکت کوتاه کن که واقعه‌ها در پیش است و دشمنان از پس، نباید که وقت حاجت فرومانی.

اگر گنجی کنی بر عامیان بخش   رسد هر کدخدایی را برنجی
چرا نستانی از هر یک جوی سیم   که گرد آید تو را هر وقت گنجی

ملک روی از این سخن به هم آورد و مر او را زجر فرمود و گفت: مرا خداوند تعالی، مالک این مملکت گردانیده است تا بخورم و ببخشم، نه پاسبان که نگاه دارم.

قارون هلاک شد که چهل خانه گنج داشت
نوشیروان نمرد که نام نکو گذاشت

حکایت

آورده‌اند که انوشیروان عادل را در شکارگاهی صید کباب کردند و نمک نبود. غلامی به روستا رفت تا نمک آرد. نوشیروان گفت: نمک به قیمت بستان تا رسمی نشود و ده خراب نگردد. گفتند: از این قدر چه خلل آید؟ گفت: بنیاد ظلم در جهان اوّل اندکی بوده است. هر که آمد، بر او مزیدی کرده تا بدین غایت رسیده.

اگر ز باغ رعیّت ملک خورد سیبی
برآورند غلامان او درخت از بیخ

به پنج بیضه که سلطان ستم روا دارد
زنند لشکریانش هزار مرغ به سیخ

حکایت

غافلی را شنیدم که خانه رعیت خراب کردی تا خزانهٔ سلطان آباد کند؛ بی‌خبر از قول حکیمان که گفته‌اند: هر که خدای را عزّوجلّ بیازارد تا دل خلقی به دست آرد، خداوند تعالی همان خلق را بر او گمارد تا دمار از روزگارش برآرد.

آتـش سـوزان نکنـد بـا سپند   آنـچـه کـنـد دود دل دردمـنـد

سر جملهٔ حیوانات گویند که شیر است و اذلّ جانوران خر و به اتفاق، خر باربر به که شیر مردم‌درَ.

مـسکین خـر اگـر چـه بـی‌تمیز است
چـون بـار هـمـی‌بـرد عـزیـز است
گــاوان و خــران بــاربــردار
بــه ز آدمــیــان مــردم‌آزار

بازآمدیم به حکایت وزیر غافل. ملک را ذمائم اخلاق او به قرائن معلوم شد. در شکنجه کشید و به انواع عقوبت بکشت.

حـاصـل نـشـود رضـای سـلـطان   تـا خـاطـر بـنـدگـان نـجـویـی
خـواهـی کـه خـدای بـر تو بخشد   بـا خـلـق خـدای کـن نکـویـی

آورده‌اند که یکی از ستمدیدگان بر سر او بگذشت و در حال تباه او تأمل کرد و گفت:

نـه هـر کـه قـوّت بـازوی منصبی دارد
به سلطنت بخورد مال مردمان به گزاف
توان به حلق فروبردن استخوان درشت
ولی شکم بـدرد، چـون بگیرد اندر ناف

***

نماند ستمکار بد روزگار 	 بماند بر او لعنت پایدار

***

مردم‌آزاری را حکایت کنند که سنگی بر سر صالحی زد. درویش را مجال انتقام نبود. سنگ را نگاه همی‌داشت تا زمانی که ملک را بر آن لشکری خشم آمد و در چاه کرد. درویش اندر آمد و سنگ در سرش کوفت. گفتا: تو کیستی و مرا این سنگ چرا زدی؟ گفت: من فلانم و این همان سنگ است که در فلان تاریخ بر سر من زدی. گفت: چندین روزگار کجا بودی؟ گفت: از جاهت اندیشه همی‌کردم، اکنون که در چاهت دیدم فرصت غنیمت دانستم.

ناسزایی را که بینی بخت یار
عاقلان تسلیم کردند اختیار

چون نداری ناخن درنده تیز
با ددان آن به که کم گیری ستیز

هر که با پولاد بازو پنجه کرد
ساعد مسکین خود را رنجه کرد

باش تا دستش ببندد روزگار
پس به کام دوستان مغزش برآر

حکایت

یکی را از ملوک، مرضی هایل بود که اعادت ذکر آن ناکردن اولی. طایفهٔ حکمای یونان متفق شدند که مر این درد را دوایی نیست، مگر زهرهٔ آدمی به چندین صفت موصوف. بفرمود طلب کردن.

دهقان‌پسری یافتند بر آن صورت که حکیمان گفته بودند. پدرش را و مادرش را بخواند و به نعمت بی‌کران خشنود گردانیدند و قاضی فتوی داد که خون یکی از رعیت ریختن سلامت پادشه را روا باشد. جلاد قصد کرد. پسر سر سوی آسمان برآورد و تبسم کرد. ملک پرسیدش که در این حالت چه جای خندیدن است؟ گفت: ناز فرزندان بر پدران و مادران باشد و دعوی پیش قاضی برند و داد از پادشه خواهند. اکنون پدر و مادر به علّت حُطام دنیا مرا به خون درسپردند و قاضی به کشتن فتوی داد و سلطان مصالح خویش اندر هلاک من همی‌بیند، به‌جز خدای عزّوجلّ پناهی نمی‌بینم.

پیشِ که برآورم ز دستت فریاد
هم پیش تو، از دست تو، گر خواهم داد

سلطان را دل از این سخن، به‌هم برآمد و آب در دیده بگردانید و گفت: هلاک من اولی‌تر است از خون بی‌گناهی ریختن. سر و چشمش ببوسید و در کنار گرفت و نعمت بی‌اندازه بخشید و آزاد کرد و گویند هم در آن هفته شفا یافت.

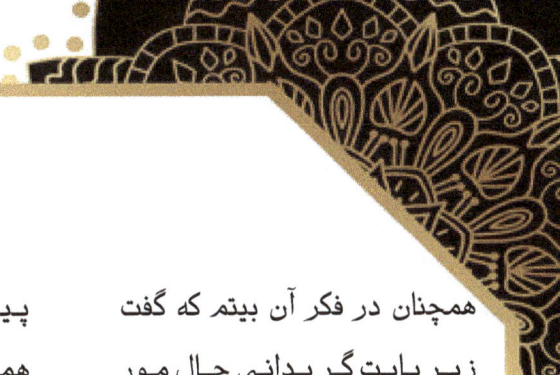

همچنان در فکر آن بیتم که گفت پیلبانی بر لب دریای نیل
زیر پایت گر بدانی حال مور همچو حال توست زیر پای پیل

حکایت

یکی از بندگان عمرو لیث گریخته بود. کسان در عقبش برفتند و بازآوردند. وزیر را با وی غرضی بود و اشارت به کشتن فرمود تا دگر بندگان چنین فعل روا ندارند. بنده پیش عمرو سر بر زمین نهاد و گفت:

هرچه رود بر سرم، چون تو پسندی رواست
بنده چه دعوی کند، حکم خداوند راست

اما به موجب آن که پروردهٔ نعمت این خاندانم، نخواهم که در قیامت به خون من گرفتار آیی. اجازت فرمای تا وزیر را بکشم؛ آنگه به قصاص او بفرمای خون مرا ریختن تا به حق کشته باشی. ملک را خنده گرفت. وزیر را گفت: چه مصلحت می‌بینی؟ گفت: ای خداوند جهان! ازبهر خدای، این شوخدیده را به صدقات گور پدر آزاد کن تا مرا در بلایی نیفکند. گناه از من است و قول حکما معتبر که گفته‌اند:

چو کردی با کلوخ‌انداز پیکار سر خود را به نادانی شکستی
چو تیر انداختی بر روی دشمن چنین دان کاندر آماجش نشستی

حکایت

ملک زوزن را خواجه‌ای بود کریم‌النفس نیک‌محضر که همگان را در مواجهه خدمت کردی و در غیبت نکویی گفتی. اتفاقاً از او حرکتی در نظر سلطان ناپسند آمد. مصادره فرمود و عقوبت کرد و سرهنگان ملک به سوابق نعمت او معترف بودند و به شکر آن مرتهن. در مدت توکیل او رفق و ملاطفت کردندی و زجر و معاقبت روا نداشتندی.

صلح با دشمن اگر خواهی هر گه که تو را
در قفا عیب کند در نظرش تحسین کن
سخن آخر به دهان می‌گذرد موذی را
سخنش تلخ نخواهی، دهنش شیرین کن

آنچه مضمون خطاب ملک بود، از عهدهٔ بعضی به در آمد و به بقیّتی در زندان بماند. آورده‌اند که یکی از ملوک نواحی در خفیه پیامش فرستاد که ملوک آن طرف، قدر چنان بزرگوار ندانستند و بی‌عزّتی کردند. اگر رای عزیز فلان احسن الله خلاصه به جانب ما التفاتی کند، در رعایت خاطرش هرچه تمامتر سعی کرده شود و اعیان این مملکت به دیدار او مفتقرند و جواب این حرف را منتظر.

خواجه بر این وقوف یافت و از خطر اندیشید و در حال، جوابی مختصر، چنان که مصلحت دید بر قفای ورق نبشت و روان کرد. یکی از متعلّقان واقف شد و ملک را اعلام کرد که فلان را که حبس فرمودی با ملوک نواحی مراسله دارد. ملک به

هم برآمد و کشف این خبر فرمود. قاصد را بگرفتند و رسالت بخواندند. نبشته بود که: حسن ظنّ بزرگان بیش از فضیلت ماست و تشریف قبولی که فرمودند، بنده را امکان اجابت نیست؛ به حکم آن که پروردهٔ نعمت این خاندان است و به اندک‌مایه تغیّر با ولی‌نعمت بی‌وفایی نتوان کرد. چنان که گفته‌اند:

آن را که به جای توست هر دم کرمی
عذرش بنه ار کند به عمری ستمی

ملک را سیرت حق‌شناسی از او پسند آمد و خلعت و نعمت بخشید و عذر خواست که: خطا کردم تو را بی‌جرم و خطا آزردن! گفت: یا خداوند! بنده در این حالت مر خداوند را خطا نمی‌بیند. تقدیر خداوند تعالی بود که مر این بنده را مکروهی برسد، پس به دست تو اولی‌تر که سوابق نعمت بر این بنده داری و ایادی منت و حکما گفته‌اند:

گر گزندت رسد ز خلق مرنج
که نه راحت رسد ز خلق، نه رنج

از خدا دان خلاف دشمن و دوست
کاین دل هر دو در تصرف اوست

گرچه تیر از کمان همی‌گذرد
از کمان‌دار بیند اهل خرد

حکایت

یکی از ملوک عرب شنیدم که متعلقان را همی‌گفت: مرسوم فلان را چندان که هست مضاعف کنید که ملازم درگاه است و مترصد فرمان و دیگر خدمتکاران به لهو و لعب مشغول‌اند و در ادای خدمت متهاون. صاحب‌دلی بشنید و فریاد و خروش از نهادش برآمد. پرسیدندش چه دیدی؟ گفت: مراتب بندگان به درگاه خداوند تعالی همین مثال دارد.

دو بامداد اگر آید کسی به خدمت شاه
سیم، هرآینه در وی کند به لطف نگاه

***

مهتری در قبول فرمان است — ترک فرمان دلیل حرمان است
هر که سیمای راستان دارد — سر خدمت بر آستان دارد

حکایت

ظالمی را حکایت کنند که هیزم درویشان خریدی به حیف و توانگران را دادی به طرح. صاحب‌دلی بر او گذر کرد و گفت:

ماری تو که هر که را ببینی بزنی
یا بوم که هر کجا نشینی بکنی

***

زورت ار پیش می‌رود با ما
با خداوند غیب‌دان نرود
زورمندی مکن بر اهل زمین
تا دعایی بر آسمان نرود

حاکم از گفتن او برنجید و روی از نصیحت در هم کشید و بر او التفات نکرد. تا شبی که آتش مطبخ در انبار هیزمش افتاد و سایر املاکش بسوخت و از بستر نرمش به خاکستر گرم نشاند. اتفاقاً همان شخص بر او بگذشت و دیدش که با یاران همی‌گفت: ندانم این آتش از کجا در سرای من افتاد. گفت: از دل درویشان.

حذر کن ز درد درون‌های ریش   که ریش درون عاقبت سر کند
به هم بر مکن تا توانی دلی   که آهی جهانی به هم برکند

بر تاج کیخسرو نبشته بود:

چه سال‌های فراوان و عمرهای دراز
که خلق بر سر ما بر زمین بخواهد رفت
چنان که دست به دست آمده است ملک به ما
به دست‌های دگر همچنین بخواهد رفت

حکایت

یکی در صنعت کشتی گرفتن سر آمده بود، سیصدوشصت بند فاخر بدانستی و هر روز به نوعی از آن کشتی گرفتی. مگر گوشهٔ خاطرش با جمال یکی از شاگردان میلی داشت. سیصدوپنجاه‌ونه بندش درآموخت، مگر یک بند که در تعلیم آن دفع انداختی و تأخیر کردی. فی‌الجمله پسر در قوت و صنعت سر آمد و کسی را در زمان او با او امکان مقاومت نبود تا به حدی که پیش ملک آن روزگار گفته بود: استاد را فضیلتی که بر من است، از روی بزرگی است و حق تربیت وگرنه به قوت از او کمتر نیستم و به صنعت با او برابرم. ملک را این سخن دشخوار آمد. فرمود تا مصارعت کنند.

مقامی متّسع ترتیب کردند و ارکان دولت و اعیان حضرت و زورآوران روی زمین حاضر شدند. پسر چون پیل مست اندرآمد به صدمتی که اگر کوه رویین بودی، از جای برکندی. استاد دانست که جوان به قوّت از او برتر است؛ بدان بند غریب که از وی نهان داشته بود با او درآویخت. پسر دفع آن ندانست، به هم بر آمد. استاد به دو دست از زمینش بالای سر برد و فروکوفت. غریو از خلق برخاست. ملک فرمود استاد را خلعت و نعمت دادن و پسر را زجر و ملامت کرد که با پرورندهٔ خویش دعوی مقاومت کردی و به سر نبردی. گفت: ای پادشاه روی زمین! به زورآوری بر من دست نیافت، بلکه مرا از علم کشتی دقیقه‌ای مانده بود و همه عمر از من دریغ همی‌داشت. امروز بدان دقیقه بر من غالب آمد.

گفت از بهرِ چنین روزی که زیرکان گفته‌اند: دوست را چندان قوت مده که اگر دشمنی کند، تواند. نشنیده‌ای که چه گفت: آن که از پروردهٔ خویش جفا دید؟

یا وفا خود نبود در عالم　　　یا مگر کس در این زمانه نکرد
کس نیاموخت علم تیر از من　　　که مرا عاقبت نشانه نکرد

حکایت

درویشی مجرد به گوشه‌ای نشسته بود. پادشاهی بر او بگذشت. درویش از آنجا که فراغ ملک قناعت است، سر بر نیاورد و التفات نکرد. سلطان از آنجا که سطوت سلطنت است، برنجید و گفت: این طایفهٔ خرقه‌پوشان امثال حیوان‌اند و اهلیت و آدمیت ندارند. وزیر نزدیکش آمد و گفت: ای جوانمرد! سلطان روی زمین بر تو گذر کرد؛ چرا خدمتی نکردی و شرط ادب به جای نیاوردی؟ گفت: سلطان را بگوی، توقع خدمت از کسی دار که توقع نعمت از تو دارد و دیگر بدان که ملوک از بهرِ پاس رعیت‌اند، نه رعیت از بهرِ طاعت ملوک.

پادشه پاسبان درویش است　　　گرچه رامش به فرّ دولت اوست
گوسپند از برای چوپان نیست　　　بلکه چوپان برای خدمت اوست

***

یکی امروز کامران بینی دیگری را دل از مجاهده ریش
روزکی چند باش تا بخورد خاک، مغز سر خیال‌اندیش
فرق شاهی و بندگی برخاست چون قضای نبشته آمد پیش
گر کسی خاک مرده باز کند ننماید توانگر و درویش

ملک را گفتِ درویش استوار آمد. گفت: از من تمنّا بکن. گفت: آن همی‌خواهم که دگرباره زحمت من ندهی. گفت: مرا پندی بده. گفت:

دریاب کنون که نعمتت هست به دست
کاین دولت و ملک می‌رود دست به دست

حکایت

یکی از وزرا پیش ذوالنون مصری رفت و همّت خواست که روز و شب به خدمت سلطان مشغولم و به خیرش امیدوار و از عقوبتش ترسان. ذوالنّون بگریست و گفت: اگر من خدای را عزّوجلّ چنین پرستیدمی که تو سلطان را ازجملهٔ صدّیقان بودمی.

گرنه امّید و بیم راحت و رنج پای درویش بر فلک بودی

ور وزیــر از خــدا بـترسیدی همچنان کز ملک، ملک بودی

حکایت

پادشاهی به کشتن بی‌گناهی فرمان داد. گفت: ای ملک به موجب خشمی که تو را بر من است، آزار خود مجوی که این عقوبت بر من به یک نفس به‌سرآید و بزه آن بر تو جاوید بماند.

دوران بقا چو باد صحرا بگذشت تلخی و خوشی و زشت و زیبا بگذشت
پنداشت ستمگر که جفا بر ما کرد در گردن او بماند و بر ما بگذشت

ملک را نصیحت او سودمند آمد و از سر خون او برخاست.

حکایت

وزرای نوشیروان در مهمی از مصالح مملکت اندیشه همی‌کردند و هر یکی از ایشان دگرگونه رای همی‌زدند و ملک همچنین تدبیری اندیشه کرد. بزرجمهر را رای ملک اختیار آمد. وزیران در نهانش گفتند: رای ملک را چه مزیّت دیدی بر فکر چندین حکیم؟ گفت: به موجب آن که انجام کارها معلوم نیست و رای همگان در مشیّت است که صواب آید یا خطا. پس موافقت رای ملک اولی‌تر است تا اگر خلاف صواب آید، به علت متابعت از معاتبت ایمن باشم.

خــلاف رای ســلطان رای جســتن
بــه خــون خویــش باشــد دســت شســتن

اگر خــود روز را گویــد شب است این
ببـاید گفتن آنک مـاه و پــروین!

حکایت

شیّادی گیسوان بافت که من علوی‌ام و با قافلهٔ حجاز به شهری درآمد که از حج همی‌آیم و قصیده‌ای پیش ملک برد که من گفته‌ام. نعمت بسیارش فرمود و اکرام کرد تا یکی از ندمای حضرت پادشاه که در آن سال از سفر دریا آمده بود، گفت: من او را عید اضحی در بصره دیدم! معلوم شد که حاجی نیست. دیگری گفتا: پدرش نصرانی بود در ملطیّه، پس او شریف چگونه صورت بندد؟! و شعرش را به دیوان انوری دریافتند. ملک فرمود تا بزنندش و نفی کنند تا چندین دروغ در هم چرا گفت. گفت: ای خداوند روی زمین یک سخنت دیگر در خدمت بگویم اگر راست نباشد به هر عقوبت که فرمایی سزاوارم. گفت: بگو تا آن چیست؟ گفت:

غـریبـی گــرت مـاســت پـیـش آورد
دو پیمانه آب است و یک چمچه دوغ

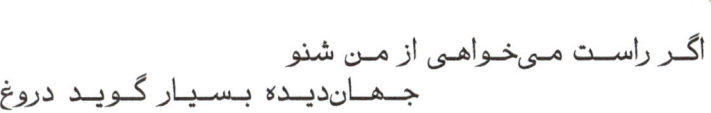

اگـر راسـت مـی‌خـواهـی از مـن شنو
جـهـان‌دیـده بـسـیـار گـویـد دروغ

ملک را خنده گرفت و گفت: از این راست‌تر سخن تا عمر او بوده باشد، نگفته است. فرمود تا آنچه مأمول اوست مهیا دارند و به خوشی برود.

حکایت

یکی از وزرا به زیردستان رحم کردی و صلاح ایشان را به خیر توسط نمودی. اتفاقاً به خطاب ملک گرفتار آمد. همگنان در مواجب استخلاص او سعی کردند و موکلان در معاقبتش ملاطفت نمودند و بزرگان شکر سیرت خوبش به افواه بگفتند تا ملک از سر عتاب او درگذشت. صاحب‌دلی بر این اطلاع یافت و گفت:

تا دل دوستان به دست آری — بوستان پدر فروخته به
پختن دیگ نیک‌خواهان را — هرچه رخت سراست سوخته به
با بداندیش هم نکویی کن — دهن سگ به لقمه دوخته به

حکایت

یکی از پسران هارون‌الرّشید پیش پدر آمد، خشم‌آلود که فلان سرهنگ‌زاده مرا دشنام مادر داد. هارون ارکان دولت را گفت: جزای چنین کس چه باشد؟ یکی

اشاره به کشتن کرد و دیگری به زبان بریدن و دیگری به مصادره و نفی. هارون گفت: ای پسر! کرم آن است که عفو کنی و اگر نتوانی تو نیزش دشنام مادر ده، نه چندان که انتقام از حد درگذرد. آن‌گاه ظلم از طرف ما باشد و دعوی از قِبل خصم.

نه مرد است آن به نزدیک خردمند
که با پیل دمان پیکار جوید

بلی مرد آن‌کس است از روی تحقیق
که چون خشم آیدش، باطل نگوید

حکایت

با طایفهٔ بزرگان به کشتی در نشسته بودم. زورقی در پی ما غرق شد. دو برادر به گردابی درافتادند. یکی از بزرگان گفت: ملّاح را که بگیر این هر دو را که به هر یکی پنجاه دینارت دهم. ملاح در آب افتاد و تا یکی را برهانید، آن دیگر هلاک شد. گفتم: بقیّت عمرش نمانده بود؛ از این سبب در گرفتن او تأخیر کرد و در آن دگر تعجیل. ملّاح بخندید و گفت: آنچه تو گفتی یقین است و دگر، میل خاطر من به رهانیدن این بیشتر بود که وقتی در بیابانی مانده بودم و مرا بر شتری نشاند و از دست آن دگر تازیانه‌ای خورده‌ام در طفلی. گفتم: صدق الله من عَمِل صالحاً فَلنفسهِ و مَن أساءَ فَعَلیها.

تا توانی درون کس مخراش کاندر این راه خارها باشد
کار درویش مستمند برآر که تو را نیز کارها باشد

حکایت

دو برادر یکی خدمت سلطان کردی و دیگر به زور بازو نان خوردی. باری این توانگر گفت درویش را که چرا خدمت نکنی تا از مشقت کار کردن برهی؟ گفت: تو چرا کار نکنی تا از مذلّت خدمت رهایی یابی؟ که خردمندان گفته‌اند: نان خود خوردن و نشستن به که کمر شمشیر زرّین به خدمت بستن.

به دست آهن تفته کردن خمیر به از دست بر سینه پیش امیر

***

عمر گران‌مایه در این صرف شد تا چه خورم صیف و چه پوشم شتا
ای شکم خیره به نانی بساز تا نکنی پشت به خدمت دوتا

حکایت

کسی مژده پیش انوشیروان عادل آورد، گفت: شنیدم که فلان دشمن تو را خدای عزّوجلّ برداشت. گفت: هیچ شنیدی که مرا بگذاشت؟!

اگـر بـمرد عـدو جـای شـادمـانـی نیست
کـه زنـدگـانـی مـا نـیز جـاودانـی نیست

حکایت

گروهی حکما به حضرت کسری در به مصلحتی سخن همی‌گفتند و بزرگمهر که مهتر ایشان بود خاموش. گفتندش: چرا با ما در این بحث سخن نگویی. گفت: وزیران بر مثال اطبایند و طبیب دارو ندهد، جز سقیم را. پس چو بینم که رای شما بر صواب است، مرا بر سر آن سخن گفتن حکمت نباشد.

چـو کـاری بـی‌فضـول مـن بـرآیـد   مـرا در وی سخن گفتن نشاید
وگر بینم که نابینا و چاه است   اگر خامـوش بنشینم گناه است

حکایت

هارون‌الرّشید را چون ملک دیار مصر مسلّم شد، گفت: به خلاف آن طاغی که به غرور ملک مصر دعوی خدایی کرد، نبخشم این مملکت را مگر به خسیس‌ترین بندگان. سیاهی داشت نام او خصیب در غایت جهل. مُلک مصر به وی ارزانی داشت و گویند عقل و درایت او تا به جایی بود که طایفه‌ای حرّاث مصر شکایت آوردندش که پنبه کاشته بودیم، باران بی‌وقت آمد و تلف شد. گفت: پشم بایستی کاشتن!

اگر دانش به روزی درفزودی ز نادان تنگ‌روزی‌تر نبودی
به نادانان چنان روزی رساند که دانا اندر آن عاجز بماند

***

بخت و دولت به کاردانی نیست جز به تائید آسمانی نیست
اوفتاده است در جهان بسیار بی‌تمیز ارجمند و عاقل خوار
کیمیاگر به غصه مرده و رنج ابله اندر خرابه یافته گنج

حکایت

یکی را از ملوک، کنیزکی چینی آوردند. خواست تا در حالت مستی با وی جمع آید. کنیزک ممانعت کرد. ملک در خشم رفت و مر او را به سیاهی بخشید که لب زبرینش از پرّهٔ بینی در گذشته بود و زیرینش به گریبان فروهشته. هیکلی که صَخرالجن از طلعتش برمیدی و عین‌القطر از بغلش بگندیدی.

تو گویی تا قیامت زشت‌رویی
بر او ختم است و بر یوسف نکویی

چنان که ظریفان گفته‌اند:

شخصی نه چنان کریه‌منظر کز زشتی او خبر توان داد

آنـگـه بـغـلـی نـعـوذبـالـلـه   مـردار بـه آفـتـاب مـرداد

آورده‌اند که سیه را در آن مدت، نفس طالب بود و شهوت غالب؛ مِهرش بجنبید و مُهرش برداشت. بامدادان که مَلِک کنیزک را جست و نیافت، حکایت بگفتند. خشم گرفت و فرمود تا سیاه را با کنیزک استوار ببندند و از بام جوسق به قعر خندق دراندازند. یکی از وزرای نیک‌محضر روی شفاعت بر زمین نهاد و گفت: سیاه بیچاره را در این خطایی نیست که سایر بندگان و خدمتکاران به نوازش خداوندی متعودند. گفت: اگر در مفاوضهٔ او شبی تأخیر کردی، چه شدی؟ که من او را افزون از قیمت کنیزک دلداری کردمی. گفت: ای خداوند روی زمین! نشنیده‌ای:

تشنهٔ سوخته در چشمهٔ روشن چو رسید
تو مپندار که از پیل دمان اندیشد
ملحد گرسنه در خانهٔ خالی بر خوان
عقل باور نکند کز رمضان اندیشد

مَلِک را این لطیفه پسند آمد و گفت: اکنون سیاه، تو را بخشیدم؛ کنیزک را چه کنم؟ گفت: کنیزک، سیاه را بخش که نیم‌خوردهٔ او، هم او را شاید.

هـرگـز آن را بـه دوسـتـی مـپـسـنـد   کـه رود جـای نـاپـسـنـدیـده
تشنه را دل نخواهد آب زلال   نـیـم‌خـورد دهـان گـنـدیـده

حکایت

اسکندر رومی را پرسیدند: دیار مشرق و مغرب به چه گرفتی که ملوک پیشین را خزاین و عمر و ملک و لشکر بیش از این بوده است، ایشان را چنین فتحی میسر نشده. گفتا: به عون خدای عزّوجلّ هر مملکتی را که گرفتم، رعیتش نیازردم و نام پادشاهان جز به نکویی نبردم.

بــزرگــش نـخـوانـنـد اهــل خــرد   کــه نــام بــزرگــان به زشـتی بـرد

باب دوم
در اخلاق درویشان

حکایت

یکی از بزرگان گفت پارسایی را، چه گویی در حق فلان عابد که دیگران در حق وی به طعنه سخن‌ها گفته‌اند؟ گفت: بر ظاهرش عیب نمی‌بینم و در باطنش غیب نمی‌دانم.

هر که را جامه پارسا بینی	پارسا دان و نیکمرد انگار
ور ندانی که در نهانش چیست	محتسب را درون خانه چه کار

حکایت

درویشی را دیدم سر بر آستان کعبه همی‌مالید و می‌گفت: یا غفور یا رحیم، تو دانی که از ظلوم و جهول چه آید.

عذر تقصیر خدمت آوردم	که ندارم به طاعت استظهار
عاصیان از گناه توبه کنند	عارفان از عبادت استغفار

عابدان جزای طاعت خواهند و بازرگانان بهای بضاعت، من بنده امید آورده‌ام، نه طاعت و به دریوزه آمده‌ام، نه به تجارت. اِصْنَعْ بی‌ما اَنتَ اهْلُه.

بـر در کـعـبـه سـائـلـی دیـدم | که همی‌گفت و می‌گرستی خوش
مـی‌نـگـویـم کـه طـاعـتـم بـپـذیـر | قـلـم عـفـو بـر گـنـاهـم کـش

حکایت

عبدالقادر گیلانی را رحمةالله علیه دیدند در حرم کعبه روی بر حصبا نهاده همی‌گفت: ای خداوند ببخشای! وگر هرآینه مستوجب عقوبتم. در روز قیامتم نابینا برانگیز تا در روی نیکان شرمسار نشوم.

روی بـر خـاک عـجـز مـی‌گـویـم | هـر سـحـرگـه کـه بـاد مـی‌آیـد
ای کـه هـرگـز فـرامـشـت نـکـنـم | هـیـچـت از بـنـده یـاد مـی‌آیـد

حکایت

دزدی به خانهٔ پارسایی درآمد. چندان که جست، چیزی نیافت. دل‌تنگ شد. پارسا خبر شد. گلیمی که بر آن خفته بود در راه دزد انداخت تا محروم نشود.

شنیدم که مردان راه خدای / دل دشمنان را نکردند تنگ
تو را کی میسر شود این مقام / که با دوستانت خلاف است و جنگ

مودّت اهل صفا، چه در روی و چه در قفا؛ نه چنان کز پَسَت عیب گیرند و پیشت بیش میرند.

در برابر چو گوسپند سلیم / در قفا همچو گرگ مردمخوار

***

هر که عیب دگران پیش تو آورد و شمرد
بی‌گمان عیب تو پیش دگران خواهد برد

حکایت

تنی چند از روندگان متفّق سیاحت بودند و شریک رنج و راحت. خواستم تا مرافقت کنم، موافقت نکردند. گفتم: این از کرم اخلاق بزرگان بدیع است؛ روی از مصاحبت مسکینان تافتن و فایده و برکت دریغ داشتن که من در نفس خویش این قدرت و سرعت می‌شناسم که در خدمت مردان، یار شاطر باشم، نه بار خاطر.

اِنْ لَمْ اَکُن راکِب المواشی / اَسعی لَکم حامِلَ الغواشی

یکی زآن میان گفت: از این سخن که شنیدی، دل تنگ مدار که در این روزها

دزدی، به صورت درویشان برآمده، خود را در سلک صحبت ما منتظم کرد.

چه دانند مردم که در خانه کیست　　　　نویسنده داند که در نامه چیست

و از آنجا که سلامت حال درویشان است، گمان فضولش نبردند و به یاری قبولش کردند.

صورت حال عارفان دلق است　　　　این قدر بس چو روی در خلق است

در عمل کوش و هرچه خواهی پوش　　　　تاج بر سر نه و عَلَم بر دوش

در قزاکند مرد باید بود　　　　بر مخنث سلاح جنگ چه سود

روزی تا به شب رفته بودیم و شبانگه به پای حصار خفته که دزد بی‌توفیق، ابریق رفیق برداشت که به طهارت می‌رود و به غارت می‌رفت.

پارسا بین که خرقه در بر کرد　　　　جامهٔ کعبه را جل خر کرد

چندان که از نظر درویشان غایب شد، به برجی بررفت و درجی بدزدید. تا روز روشن شد آن تاریک، مبلغی راه رفته بود و رفیقان بی‌گناه خفته. بامدادان همه را به قلعه درآوردند و بزدند و به زندان کردند. از آن تاریخ ترک صحبت گفتیم و طریق عزلت گرفتیم. والسّلامَةُ فی الوَحْده

چو از قومی یکی بی‌دانشی کرد　　　　نه کِه را منزلت مانَد، نه مِه را

شنیدستی که گاوی در علف‌خوار   بیالاید همه گاوان ده را

گفتم: سپاس و منّت خدای را عزوجل که از برکت درویشان محروم نماندم، گرچه به صورت از صحبت وحید افتادم. بدین حکایت که گفتی مستفید گشتم و امثال مرا همه عمر این نصیحت به کار آید.

به یک ناتراشیده در مجلسی   برنجد دل هوشمندان بسی

اگر برکه‌ای پر کنند از گلاب   سگی در وی افتد، کند منجلاب

حکایت

زاهدی مهمان پادشاهی بود. چون به طعام بنشستند، کمتر از آن خورد که ارادت او بود و چون به نماز برخاستند، بیش از آن کرد که عادت او، تا ظنّ صلاحیت در حق او زیادت کنند.

ترسم نرسی به کعبه، ای اعرابی   کاین ره که تو می‌روی به ترکستان است

چون به مقام خویش آمد، سفره خواست تا تناولی کند. پسری صاحب‌فراست داشت. گفت: ای پدر! باری به مجلس سلطان در طعام نخوردی؟ گفت: در نظر ایشان چیزی نخوردم که به کار آید. گفت: نماز را هم قضا کن که چیزی نکردی که به کار آید.

ای هنرها گرفته بر کف دست　　　　عیب‌ها برگرفته زیر بغل
تا چه خواهی خریدن ای مغرور　　　　روز درماندگی به سیم دغل

حکایت

یاد دارم که در ایام طفولیت متعبّد بودمی و شب‌خیز و مولع زهد و پرهیز. شبی در خدمت پدر رحمةالله علیه نشسته بودم و همه شب دیده بر هم نبسته و مصحف عزیز بر کنار گرفته و طایفه‌ای گرد ما خفته. پدر را گفتم: از اینان یکی سر برنمی‌دارد که دوگانه‌ای بگزارد. چنان خواب غفلت برده‌اند که گویی نخفته‌اند که مرده‌اند. گفت: جان پدر! تو نیز اگر بخفتی به از آن که در پوستین خلق افتی.

نبیند مدعی جز خویشتن را　　　　که دارد پردهٔ پندار در پیش
گرت چشم خدابینی ببخشند　　　　نبینی هیچ‌کس عاجزتر از خویش

حکایت

یکی را از بزرگان به محفلی اندر همی‌ستودند و در اوصاف جمیلش مبالغه می‌کردند. سر برآورد و گفت: من آنم که من دانم.

کُفَیتَ أذیً یا مَن یَعُدُّ مَحاسنی　　　　علانیَتی هذا ولم تدرِ ما بَطَن

***

شخصم به چشم عالمیان خوب‌منظر است
وز خبث باطنم سر خجلت فتاده پیش

طاووس را به نقش و نگاری که هست خلق
تحسین کنند و او خجل از پای زشت خویش

حکایت

یکی از صلحای لبنان که مقامات او در دیار عرب مذکور بود و کرامات مشهور، به جامع دمشق درآمد و بر کنار برکه کلاسه طهارت همی‌ساخت. پایش بلغزید و به حوض درافتاد و به مشقت از آن جایگه خلاص یافت. چون از نماز بپرداختند، یکی از اصحاب گفت: مرا مشکلی هست اگر اجازت پرسیدن است. گفت: آن چیست؟ گفت: یاد دارم که شیخ به روی دریای مغرب برفت و قدمش تر نشد. امروز چه حالت بود که در این قامتی آب از هلاک چیزی نماند؟! شیخ اندر این فکرت فرورفت و پس از تأمل بسیار سر برآورد و گفت: نشنیده‌ای که خواجهٔ عالم علیه‌السلام گفت: لی مَعَ اللهِ وَقتٌ لا یَسَعنی فیه مَلَکٌ مقربٌ و لا نَبیٌ مُرسَل و نگفت: علی‌الدوام. وقتی چنین که فرمود به جبرئیل و میکائیل نپرداختی و دیگر وقت با حفصه و زینب درساختی. مشاهدة الابرار بَیْن التجلّی وَ الِاستتار. می‌نمایند و می‌ربایند.

دیـدار مـی‌نمـایـی و پـرهـیـز مـی‌کنـی
بـازار خـویـش و آتـش مـا تیز مـی‌کنـی

***

أُشاهِدُ مَنْ اَهوی بِغَیْرِ وَسیلةٍ   فَیَلْحَقُنی شَأنٌ اَضَلُّ طَریقاً

حکایت

یکی پرسید از آن گمکرده‌فرزند   که ای روشن‌گُهر پیر خردمند
ز مصرش بوی پیراهن شنیدی   چرا در چاه کنعانش ندیدی؟!
بگفت: احوال ما برق جهان است   دمی پیدا و دیگر دم نهان است
گهی بر طارم اعلی نشینیم   گهی بر پشت پای خود نبینیم
اگر درویش در حالی بماندی   سر دست از دو عالم برفشاندی

حکایت

در جامع بعلبک وقتی کلمه‌ای همی‌گفتم به طریق وعظ با جماعتی افسردهٔ دل‌مرده، ره از عالم صورت به عالم معنی نبرده. دیدم که نفسم درنمی‌گیرد و

آتشم در هیزم تر اثر نمی‌کند. دریغ آمدم تربیت ستوران و آینه‌داری در محلت کوران. ولیکن در معنی باز بود و سلسله سخن دراز. در معانی این آیت که «و نَحن اَقرَبُ الیه مِنْ حَبل الورید» سخن به جایی رسانیده که گفتم:

دوست نزدیک‌تر از من به من است — وینت مشکل که من از وی دورم
چه کنم با که توان گفت که او — در کنار من و من مهجورم

من از شراب این سخن مست و فضالهٔ قدح در دست که رونده‌ای بر کنار مجلس گذر کرد و دور آخر در او اثر کرد و نعره‌ای زد که دیگران به موافقت او در خروش آمدند و خامان مجلس به جوش. گفتم: ای سبحان‌الله! دوران باخبر در حضور و نزدیکان بی‌بصر دور.

فهم سخن چون نکند مستمع — قوّت طبع از متکلم مجوی
فُسحت میدان ارادت بیار — تا بزند مرد سخن‌گوی گوی

حکایت

شبی در بیابان مکه از بی‌خوابی پای رفتنم نماند. سر بنهادم و شتربان را گفتم: دست از من بدار.

پای مسکین پیاده چند رود — کز تحمل ستوه شد بُختی

تا شود جسم فربهی لاغر   لاغری مرده باشد از سختی

گفت: ای برادر! حرم در پیش است و حرامی در پس. اگر رفتی بردی وگر خفتی مردی.

خوش است زیر مغیلان به راه بادیه خفت
شب رحیل، ولی ترک جان بباید گفت

حکایت

پارسایی را دیدم بر کنار دریا که زخم پلنگ داشت و به هیچ دارو به نمی‌شد. مدت‌ها در آن رنجور بود و شکر خدای عزّوجلّ علی‌الدوام گفتی. پرسیدندش که شکر چه می‌گویی؟ گفت: شکر آن که به مصیبتی گرفتارم، نه به معصیتی.

گر مرا زار به کشتن دهد آن یار عزیز   تا نگویی که در آن دم، غم جانم باشد
گویم از بنده مسکین چه گنه صادر شد   کاو دل آزرده شد از من، غم آنم باشد

حکایت

درویشی را ضرورتی پیش آمد، گلیمی از خانه یاری بدزدید. حاکم فرمود که دستش به در کنند. صاحب گلیم شفاعت کرد که من او را بحل کردم. گفتا: به

شفاعت تو حدّ شرع فرونگذارم. گفت: آنچه فرمودی راست گفتی، ولیکن هر که از مال وقف چیزی بدزدد قطعش لازم نیاید و الفقیرُ لا یَمْلِکُ. هرچه درویشان راست، وقف محتاجان است. حاکم دست از او بداشت و ملامت کردن گرفت که جهان بر تو تنگ آمده بود که دزدی نکردی، الّا از خانه چنین یاری؟! گفت: ای خداوند! نشنیده‌ای که گویند: خانه دوستان بروب و در دشمنان مکوب.

چون به سختی در بمانی تن به عجز اندر مده
دشمنان را پوست برکن، دوستان را پوستین

حکایت

پادشاهی پارسایی را دید. گفت: هیچت از ما یاد آید؟ گفت: بلی! وقتی که خدا را فراموش می‌کنم.

هر سو دود آن کش ز بر خویش براند
وآن را که بخواند به در کس ندواند

حکایت

یکی ازجملهٔ صالحان به خواب دید پادشاهی را در بهشت و پارسایی در دوزخ.

پرسید که موجب درجات این چیست و سبب درکات آن که مردم به خلاف این معتقد بودند؟ ندا آمد که این پادشه به ارادت درویشان به بهشت اندر است و این پارسا به تقرّب پادشاهان در دوزخ.

دلقت به چه کار آید و مسحی و مرقّع   خود را ز عمل‌های نکوهیده بری دار
حاجت به کلاه برکی داشتنت نیست   درویش‌صفت باش و کلاه تتری دار

حکایت

پیاده‌ای سر و پا برهنه با کاروان حجاز از کوفه به در آمد و همراه ما شد و معلومی نداشت. خرامان همی‌رفت و می‌گفت:

نه به استر بر سوارم، نه چو اشتر زیر بارم
نه خداوند رعیت، نه غلام شهریارم
غم موجود و پریشانی معدوم ندارم
نفسی می‌زنم آسوده و عمری می‌گذارم

اشترسواری گفتش: ای درویش کجا می‌روی؟! برگرد که به سختی بمیری. نشنید و قدم در بیابان نهاد و برفت. چون به نخله محمود دررسیدیم، توانگر را اجل فرارسید. درویش به بالینش فراز آمد و گفت: ما به سختی بنمردیم و تو بر بُختی بمردی.

شخصی همه شب بر سر بیمار گریست
چون روز آمد بمرد و بیمار بزیست

***

ای بسا اسب تیزرو که بماند		که خر لنگ جان به منزل برد
بس که در خاک، تندرستان را		دفن کردیم و زخمخورده نمرد

حکایت

عابدی را پادشاهی طلب کرد. اندیشید که دارویی بخورم تا ضعیف شوم، مگر اعتقادی که دارد در حق من زیادت کند. آورده‌اند که داروی قاتل بخورد و بمرد.

آن که چون پسته دیدمش همه مغز
پوست بر پوست بود، همچو پیاز
پارسایان روی در مخلوق
پشت بر قبله می‌کنند نماز

***

چون بنده خدای خویش خواند		باید که بجز خدا نداند

حکایت

کاروانی در زمین یونان بزدند و نعمت بی‌قیاس ببردند. بازرگانان گریه و زاری کردند و خدا و پیمبر شفیع آوردند و فایده نبود:

چو پیروز شد دزد تیره‌روان | چه غم دارد از گریهٔ کاروان

لقمان حکیم اندر آن کاروان بود. یکی گفتش از کاروانیان، مگر اینان را نصیحتی کنی و موعظه‌ای گویی تا طرفی از مال ما دست بدارند که دریغ باشد، چندین نعمت که ضایع شود. گفت: دریغ کلمهٔ حکمت با ایشان گفتن.

آهنی را که موریانه بخورد | نتوان برد از او به صیقل زنگ
با سیه‌دل چه سود گفتن وعظ | نرود میخ آهنین در سنگ

همانا که جرم از طرف ماست:

به روزگار سلامت شکستگان دریاب | که جبر خاطر مسکین، بلا بگرداند
چو سائل از تو به‌زاری طلب کند چیزی | بده وگرنه ستمگر به زور بستاند

حکایت

چندان که مرا شیخ اجلّ، ابوالفرج بن جوزی رحمةالله‌علیه ترک سماع فرمودی و به خلوت و عزلت اشارت کردی، عنفوان شبابم غالب آمدی و هوا و هوس طالب. ناچار به خلاف رای مربّی قدمی برفتمی و از سماع و مجالست حظّی برگرفتمی و چون نصیحت شیخم یاد آمدی، گفتمی:

قاضی ار با ما نشیند برفشاند دست را
محتسب‌گرمی‌خورد، معذوردارد مست‌را

تا شبی به مجمع قومی برسیدم که در میان مطربی دیدم:

گویی رگ جان می‌گسلد زخمهٔ ناسازش
ناخوش‌تر از آوازهٔ مرگ پدر آوازش
گاهی انگشت حریفان از او در
گوش و گهی بر لب که خاموش!
نُهاجُ اِلی صوتِ الاَغانی لِطیبها
و انتَ مُغنٍّ اِنْ سَکَتّ نطیبُ

***

نبیند کسی در سماعت خوشی　　مگر وقت رفتن که دم درکشی

***

چون در آواز آمد آن بربط‌سرای   کدخدا را گفتم: از بهرِ خدای
زیبقم در گوش کن تا نشنوم   یا درم بگشای تا بیرون روم

فی‌الجمله پاس خاطر یاران را موافقت کردم و شبی به چند مجاهده به روز آوردم.

مـؤذن بانگ بی‌هنگام برداشت   نمی‌داند که چند از شب گذشته است
درازیّ شب از مژگان من پرس   که یک دم خواب در چشمم نگشته است

بامدادان به حکم تبرّک دستاری از سر و دیناری از کمر بگشادم و پیش مغنّی نهادم و در کنارش گرفتم و بسی شکر گفتم. یاران، ارادت من در حقّ او، خلاف عادت دیدند و بر خفّت عقلم حمل کردند. یکی ز آن میان زبان تعرّض دراز کرد و ملامت کردن آغاز که این حرکت مناسب رای خردمندان نکردی؛ خرقهٔ مشایخ به چنین مطربی دادن که در همه عمرش درمی بر کف نبوده است و قراضه‌ای در دف.

مـطربـی دور از ایـن خجسته‌سرای
کـس دو بـارش نـدیـده در یک جای
راست چون بانگش از دهن برخاست
خـلـق را مـوی بـر بـدن برخاست

مـــرغ ایـــوان ز هـــول او بـپـرید

مـغـز مـا بــرد و حـلـق خـود بـدرید

گفتم: زبان تعرّض مصلحت آن است که کوتاه کنی که مرا کرامت این شخص ظاهر شد. گفت: مرا بر کیفیت آن واقف نگردانی تا منش هم تقرّب کنم و بر مطایبتی که کردم استغفار گویم؟ گفتم: بلی! به علت آن که شیخ اجلم بارها به ترک سماع فرموده است و موعظهٔ بلیغ گفته و در سمع قبول من نیامده، امشبم طالع میمون و بخت همایون بدین بقعه رهبری کرد تا به دست این توبه کردم که بقیّت زندگانی گرد سماع و مخالطت نگردم!

آواز خوش از کام و دهان و لب شیرین

گر نغمه کند ور نکند دل بفریبد

ور پردهٔ عشاق و خراسان و حجاز است

از حـنـجـرهٔ مـطـرب مـکـروه نزیبد

حکایت

لقمان را گفتند: ادب از که آموختی؟ گفت: از بی‌ادبان! هرچه از ایشان در نظرم ناپسند آمد، از فعل آن پرهیز کردم.

نگویند از سـر بـازیـچه حرفی

کز آن پندی نگیرد صاحب هوش

و گر صد باب حکمت پیش نادان

بخوانند آیدش بازیچه در گوش

حکایت

عابدی را حکایت کنند که شبی ده من طعام بخوردی و تا سحر ختمی در نماز بکردی. صاحب‌دلی شنید و گفت: اگر نیم‌نانی بخوردی و بخفتی بسیار از این فاضل‌تر بودی.

اندرون از طعام خـالی دار   تا در او نور معرفت بینی

تهی از حکمتی به علت آن   که پُری از طعام تا بینی

حکایت

بخشایش الهی گم‌شده‌ای را در مناهی چراغ توفیق فرا راه داشت تا به حلقهٔ اهل تحقیق درآمد. به یمن قدم درویشان و صدق نفس ایشان، ذمائم اخلاقش به حمائد مبدل گشت. دست از هوا و هوس کوتاه کرده و زبان طاعنان در حق او همچنان دراز که بر قاعدهٔ اوّل است و زهد و طاعتش نامعوّل.

به عذر و توبه توان رستن از عذاب خدای
ولیک می‌نتوان از زبان مـردم رست

طاقت جور زبان‌ها نیاورد و شکایت پیش پیر طریقت برد. جوابش داد که شکر این نعمت چگونه گزاری که بهتر از آنی که پندارندت؟!

چند گویی که بداندیش و حسود   عیب‌جویان من مسکینند
گه به خون ریختنم برخیزند   گه به بد خواستنم بنشینند
نیک باشی و بدت گوید خلق   به که بد باشی و نیکت بینند

لیکن مرا که حسن ظن همگان در حق من به کمال است و من در عین نقصان، روا باشد اندیشه بردن و تیمار خوردن.

اِنّی لَمُستَتِرٌ مِنْ عَینِ جیرانی   وَ اللهُ یَعلمُ اِسراری و اِعلانی

***

در بسته به روی خود ز مردم   تا عیب نگسترند ما را
در بسته چه سود و عالم‌الغیب   دانای نهان و آشکارا

حکایت

پیش یکی از مشایخ گله کردم که فلان به فساد من گواهی داده است. گفتا: به صلاحش خجل کن!

تو نیکوروش باش تا بدسگال   به نقص تو گفتن نیابد مجال
چو آهنگ بربط بُوَد مستقیم   کی از دست مطرب خورد گوشمال

حکایت

یکی را از مشایخ شام پرسیدند از حقیقت تصوف. گفت: پیش از این طایفه‌ای در جهان بودند، به صورت پریشان و به معنی جمع؛ اکنون جماعتی هستند به صورت جمع و به معنی پریشان.

چو هر ساعت از تو به جایی رود دل	به تنهایی اندر صفایی نبینی
ورت جاه و مال است و زرع و تجارت	چو دل با خدای است خلوت نشینی

حکایت

یاد دارم که شبی در کاروانی همه شب رفته بودم و سحر در کنار بیشه‌ای خفته. شوریده‌ای که در آن سفر همراه ما بود نعره‌ای برآورد و راه بیابان گرفت و یک نفس آرام نیافت. چون روز شد، گفتمش: آن چه حالت بود؟ گفت: بلبلان را دیدم که به نالش درآمده بودند از درخت و کبکان از کوه و غوکان در آب و بهایم از بیشه. اندیشه کردم که مروّت نباشد، همه در تسبیح و من به غفلت خفته.

دوش مرغی به صبح می‌نالید	عقل و صبرم ببرد و طاقت و هوش
یکی از دوستان مخلص را	مگر آواز من رسید به گوش
گفت باور نداشتم که تو را	بانگ مرغی چنین کند مدهوش

گفتم این شرط آدمیت نیست   مرغ تسبیح‌گوی و من خاموش

حکایت

وقتی در سفر حجاز طایفه‌ای جوانان صاحب‌دل همدم من بودند و همقدم. وقت‌ها زمزمه‌ای بکردندی و بیتی محققانه بگفتندی، و عابدی در سبیل، منکر حال درویشان بود و بی‌خبر از درد ایشان. تا برسیدیم به خیل بنی‌هلال، کودکی سیاه از حیّ عرب به درآمد و آوازی برآورد که مرغ از هوا درآورد. اشتر عابد را دیدم که به رقص اندر آمد و عابد را بینداخت و برفت. گفتم: ای شیخ! در حیوانی اثر کرد و تو را همچنان تفاوت نمی‌کند.

دانی چه گفت مرا آن بلبل سحری؟
تو خود چه آدمی‌ای کز عشق بی‌خبری!

اشتر به شعر عرب در حالت است و طرب
گر ذوق نیست تو را کژطبع جانوری

***

وَ عِندَ هُبوبِ النّاشراتِ عَلَی الحِمی
تَمیلُ غُصونُ البانِ لا الحَجَرُ الصَّلدُ

***

به ذکرش هرچه بینی در خروش است
دلی داند در این معنی که گوش است

نه بلبل بر گلش تسبیح خوانی‌ست
که هر خاری به تسبیحش زبانی‌ست

حکایت

یکی را از ملوک، مدّت عمر سپری شد. قائم‌مقامی نداشت. وصیت کرد که بامدادان، نخستین کسی که از در شهر اندر آید تاج شاهی بر سر وی نهند و تفویض مملکت بدو کنند. اتفاقاً اول کسی که درآمد، گدایی بود همه عمر لقمه اندوخته و رقعه دوخته. ارکان دولت و اعیان حضرت، وصیت ملک به جای آوردند و تسلیم مفاتیح قلاع و خزاین بدو کردند و مدّتی ملک راند تا بعضی امرای دولت گردن از طاعت او بپیچانیدند و ملوک از هر طرف به منازعت خاستن گرفتند و به مقاومت لشکر آراستن. فی‌الجمله سپاه و رعیت به هم برآمدند و برخی طرف بلاد از قبض تصرف او به دررفت. درویش از این واقعه خسته‌خاطر همی‌بود تا یکی از دوستان قدیمش که در حالت درویشی قرین بود از سفری بازآمد و در چنان مرتبه دیدش. گفت: منت خدای را عزّوجلّ که گلت از خار برآمد و خار از پای به درآمد و بخت بلندت رهبری کرد و اقبال و سعادت یاوری تا بدین پایه رسیدی. اِنّ مَع العسرِ یُسراً.

شکوفه، گاه شکفته است و گاه خوشیده
درخت وقت برهنه است و وقت پوشیده

گفت: ای یار عزیز! تعزیتم کن که جای تهنیت نیست. آنگه که تو دیدی غم نانی داشتم و امروز تشویش جهانی.

اگــر دنیــا نباشــد دردمــندیـــم   وگر باشد به مهرش پای‌بندیم
حجابی زین درون‌آشوب‌تر نیست   که‌رنج‌خاطر است، آرهست وگرنیست

***

مطلب گـر توانگـری خواهـی   جز قناعت که دولتی‌ست هَنی
گر غنــی زر به دامـــن افشانــد   تــا نظـر در ثــواب او نکنی
کـز بـزرگـان شـنیـده‌ام بسیــار   صبر درویش، به که بذل غنی

***

اگـر بـریان کند بـهـرام، گوری   نه چون پای ملخ باشد ز موری

حکایت

ابوهُریره رضی‌الله‌عنه هر روز به خدمت مصطفی صلی‌الله‌علیه آمدی. گفت: یا اباهریره! زُرنی غِبّاً تَزْدَد حُباً: هر روز میا تا محبت زیادت شود.

صاحب‌دلی را گفتند: بدین خوبی که آفتاب است، نشنیده‌ایم که کس او را دوست گرفته است و عشق آورده. گفت: برای آنکه هر روز می‌توان دید، مگر در زمستان که محجوب است و محبوب.

به دیدار مردم شدن عیب نیست ولیکن نه چندان که گویند بس
اگر خویشتن را ملامت کنی ملامت نباید شنیدت ز کس

حکایت

یکی را از بزرگان بادی مخالف در شکم پیچیدن گرفت و طاقت ضبط آن نداشت و بی‌اختیار از او صادر شد. گفت: ای دوستان مرا در آنچه کردم اختیاری نبود و بزهی بر من ننوشتند و راحتی به وجود من رسید. شما هم به کرم معذور دارید.

شکم زندان باد است ای خردمند ندارد هیچ عاقل باد در بند
چو باد اندر شکم پیچد فرو هل که باد اندر شکم بار است بر دل

***

حریف تُرُش‌روی ناسازگار چو خواهد شدن دست پیشش مدار

حکایت

از صحبت یاران دمشقم ملالتی پدید آمده بود. سر در بیابان قدس نهادم و با حیوانات انس گرفتم. تا وقتی که اسیر فرنگ شدم و در خندق طرابلس با جهودانم به کارگل بداشتند. یکی از رؤسای حلب که سابقه‌ای میان ما بود گذر کرد و بشناخت و گفت: ای فلان! این چه حالت است؟! گفتم چه گویم:

همی‌گریختم از مردمان به کوه و به دشت
که از خدای نبودم به آدمی پرداخت

قیاس کن که چه حالم بود در این ساعت
که در طویلهٔ نامردمم بباید ساخت

***

پای در زنجیر پیش دوستان
به که با بیگانگان در بوستان

بر حالت من رحمت آورد و به ده دینار از قیدم خلاص کرد و با خود به حلب برد و دختری که داشت به نکاح من درآورد به کابین صد دینار. مدتی برآمد، بدخوی ستیزه‌روی نافرمان بود. زبان‌درازی کردن گرفت و عیش مرا منغّص داشتن.

زن بد در سرای مرد نکو
هم در این عالم است دوزخ او

***

زینهار از قرین بد زنهار　　وَ قِنا رَبَنا عذابَ النّار

باری زبان تعنّت دراز کرده همی‌گفت: تو آن نیستی که پدر من تو را از فرنگ بازخرید؟ گفتم: بلی! من آنم که به ده دینار از قید فرنگم بازخرید و به صد دینار به دست تو گرفتار کرد.

شنیدم گوسپندی را بزرگی　　رهانید از دهان و دست گرگی
شبانگه کارد در حلقش بمالید　　روان گوسپند از وی بنالید
که از چنگال گرگم درربودی　　چو دیدم، عاقبت خود گرگ بودی

حکایت

یکی از پادشاهان عابدی را پرسید که عیالان داشت: اوقات عزیز چگونه می‌گذرد؟ گفت: همه شب در مناجات و سحر در دعای حاجات و همه روز در بند اخراجات. ملک را مضمون اشارت عابد معلوم گشت. فرمود تا وجه کفاف وی معین دارند و بار عیال از دل او برخیزد.

ای گرفتار پای‌بند عیال　　دیگر آسودگی مبند خیال

غم فرزند و نان و جامه و قوت	بازت آرد ز سیر در ملکوت
همه روز اتفاق می‌سازم	که به شب با خدای پردازم
شب چو عقد نماز می‌بندم	چه خورد بامداد فرزندم

حکایت

یکی از متعبّدان در بیشه زندگانی کردی و برگ درختان خوردی. پادشاهی به حکم زیارت به نزدیک وی رفت و گفت: اگر مصلحت بینی به شهر اندر برای تو مقامی بسازم که فراغ عبادت از این به دست دهد و دیگران هم به برکت انفاس شما مستفید گردند و به صلاح اعمال شما اقتدا کنند. زاهد را این سخن قبول نیامد و روی برتافت. یکی از وزیران گفتش: پاس خاطر ملک را روا باشد که چند روزی به شهر اندر آیی و کیفیت مکان معلوم کنی، پس اگر صفای وقت عزیزان را از صحبت اغیار کدورتی باشد، اختیار باقیست. آورده‌اند که عابد به شهر اندر آمد و بستان‌سرای خاص ملک را بدو پرداختند، مقامی دلگشای روان‌آسای.

گل سرخش چو عارض خوبان	سنبلش همچو زلف محبوبان
همچنان از نهیب بَردِ عجوز	شیر ناخورده طفل دایه هنوز

***

وَ اَفانینِ عَلیها جُلّنار عُلِّقَتْ بِالشّجَرِ الاَخْضَرِ نار

ملک در حال کنیزکی خوب‌روی پیش فرستاد:

ازین مه‌پاره‌ای عابدفریبی ملائک‌صورتی طاووس‌زیبی

که بعد از دیدنش صورت نبندد وجود پارسایان را شکیبی

همچنین در عقبش غلامی بدیع الجمال لطیف الاعتدال:

هَلکَ الناسُ حَولَهُ عطشاً وَ هُوَ ساقٍ یَری وَ لا یَسقی

دیده از دیدنش نگشتی سیر همچنان کز فرات مستسقی

عابد طعام‌های لذیذ خوردن گرفت و کسوت‌های لطیف پوشیدن و از فواکه و مشموم و حلاوات تمتّع یافتن و در جمال غلام و کنیزک نظر کردن و خردمندان گفته‌اند: زلف خوبان زنجیر پای عقل است و دام مرغ زیرک.

در سر کار تو کردم دل و دین با همه دانش
مرغ زیرک به حقیقت منم امروز و تو دامی

فی‌الجمله دولت وقت مجموع به روز زوال آمد. چنان که شاعر گوید:

هر که هست از فقیه و پیر و مرید وز زبان‌آوران پاک‌نفس

چون به دنیای دون فرود آید به عسل در بماند پای مگس

بار دیگر ملک به دیدن او رغبت کرد. عابد را دید از هیأت نخستین بگردیده و سرخ و سپید برآمده و فربه شده و بر بالش دیبا تکیه زده و غلام پری‌پیکر

مروّحه طاووسی بالای سر ایستاده. بر سلامت حالش شادمانی کرد و از هر دری سخن گفتند تا ملک به انجام سخن گفت: چنین که من این هر دو طایفه را دوست دارم، در جهان کس ندارد؛ یکی علما و دیگر زهّاد را. وزیر فیلسوف جهاندیدهٔ حاذق که با او بود گفت: ای خداوند! شرط دوستی آن است که با هر دو طایفه نکویی کنی، عالمان را زر بده تا دیگر بخوانند و زاهدان را چیزی مده تا زاهد بمانند.

خاتون خوب‌صورت پاکیزه‌روی را　　　نقش و نگار و خاتم پیروزه گو مباش
درویش نیک‌سیرت پاکیزه‌خوی را　　　نان رباط و لقمهٔ دریوزه گو مباش

***

تا مرا هست و دیگرم باید　　　گر نخوانند زاهدم شاید

حکایت

مطابق این سخن پادشاهی را مهمی پیش آمد. گفت: اگر این حالت به مراد من برآید چندین درم دهم زاهدان را. چون حاجتش برآمد و تشویش خاطرش برفت، وفای نذرش به وجود شرط لازم آمد. یکی را از بندگان خاص کیسهٔ درم داد تا صرف کند بر زاهدان. گویند غلامی عاقل هشیار بود. همه روز

بگردید و شبانگه بازآمد و درمها بوسه داد و پیش ملک بنهاد و گفت: زاهدان را چندان که گردیدم نیافتم! گفت: این چه حکایت است؟! آنچه من دانم در این ملک چهارصد زاهد است. گفت: ای خداوند جهان! آن که زاهد است نمی‌ستاند و آن که می‌ستاند زاهد نیست. ملک بخندید و ندیمان را گفت: چندان که مرا در حق خداپرستان ارادت است و اقرار، مر این شوخ‌دیده را عداوت است و انکار و حق به جانب اوست!

زاهد که درم گرفت و دینار　　　زاهدتر از او یکی به دست آر

حکایت

یکی را از علمای راسخ پرسیدند: چه گویی در نان وقف؟ گفت: اگر نان ازبهرِ جمعیت‌خاطر می‌ستاند، حلال است و اگر جمع ازبهرِ نان می‌نشیند حرام.

نان از برای کنج عبادت گرفته‌اند　　　صاحب‌دلان نه کنج عبادت برای نان

حکایت

درویشی به مقامی درآمد که صاحب آن بقعه کریم‌النفس بود. طایفهٔ اهل فضل و بلاغت در صحبت او هر یکی بذله و لطیفه همی‌گفتند. درویش راه بیابان کرده بود و مانده و چیزی نخورده. یکی از آن میان به طریق ظرافت گفت: تو

را هم چیزی بباید گفت. گفت: مرا چون دیگران فضل و ادبی نیست و چیزی نخوانده‌ام به یک بیت از من قناعت کنید. همگان به رغبت گفتند: بگوی! گفت:

من گرسنه در برابرم سفره نان   همچون عزبم بر در حمام زنان

یاران نهایت عجز او بدانستند و سفره پیش آوردند. صاحب دعوت گفت: ای یار! زمانی توقف کن که پرستارانم کوفته بریان می‌سازند. درویش سر برآورد و گفت:

کوفته بر سفرهٔ من گو مباش   گرسنه را نان تهی کوفته است

حکایت

مریدی گفت پیر را، چه کنم کز خلایق به رنج اندرم؛ از بس که به زیارت من همی‌آیند و اوقات مرا از تردّد ایشان تشویش می‌باشد؟ گفت: هرچه درویشانند مر ایشان را وامی بده و آنچه توانگرانند، از ایشان چیزی بخواه که دیگر یکی گرد تو نگردند!

گر گدا پیشرو لشکر اسلام بود   کافر از بیم توقع برود تا در چین

حکایت

فقیهی پدر را گفت: هیچ از این سخنان رنگین دلاویز متکلمان در من اثر نمی‌کند؛ به حکم آن که نمی‌بینم مر ایشان را فعلی موافق گفتار:

ترک دنیا به مردم آموزند خویشتن سیم و غلّه اندوزند
عالمی را که گفت باشد و بس هرچه گوید نگیرد اندر کس
عالِم آن‌کس بود که بد نکند نه بگوید به خلق و خود نکند
اَتَأمُرونَ الناسَ بِالبِرِّ وَ تَنْسَونَ اَنفُسَکُم؟ عالم که کامرانی و تن‌پروری کند
او خویشتن گم است که را رهبری کند

پدر گفت: ای پسر! به مجرّد خیال باطل نشاید روی از تربیت ناصحان بگردانیدن و علما را به ضلالت منسوب کردن و در طلب عالم معصوم از فواید علم محروم ماندن، همچو نابینایی که شبی در وَحَل افتاده بود و می‌گفت: آخر یکی از مسلمانان چراغی فرا راه من دارید. زنی مازحه بشنید و گفت: تو که چراغ نبینی، به چراغ چه بینی؟! همچنین مجلس وعظ چو کلبه بزّاز است. آنجا تا نقدی ندهی، بضاعتی نستانی و اینجا تا ارادتی نیاری، سعادتی نبری.

گفتِ عالم به گوش جان بشنو ور نماند به گفتنش کردار
باطل است آنچه مدّعی گوید خفته را خفته کی کند بیدار

مـرد بایـد کـه گـیـرد انـدر گـوش		ور نـوشـتـه اسـت پـنـد بـر دیـوار

***

صاحب‌دلی به مدرسه آمد ز خانقاه
بشکست عهد صحبت اهل طریق را
گفتم میان عالم و عابد چه فرق بود
تا اختیار کردی از آن، این فریق را
گفت آن گلیم خویش به در می‌برد ز موج
وین جهد می‌کند که بگیرد غریق را

حکایت

یکی بر سر راهی مست خفته بود و زمام اختیار از دست رفته. عابدی بر وی گذر کرد و در آن حالت مستقبح او نظر کرد. جوان از خواب مستی سر برآورد و گفت: اذا مَرّوا بِاللغو مَرّوا کراماً.

اذا رأیت اثیما کُن ساتِراً و حلیماً
یا من تُقَبِّح امری لِمَ لا تَمُر کریما

***

متاب، ای پارسا، روی از گنهکار		به بخشایندگی در وی نظر کن

| اگــر مــن نــاجوانمــردم بــه کــردار | تــو بر مــن چون جوانمردان گذر کن |

حکایت

طایفهٔ رندان به خلاف درویشی به درآمدند و سخنان ناسزا گفتند و بزدند و برنجانیدند. شکایت از بی‌طاقتی پیش پیر طریقت برد که چنین حالی رفت. گفت: ای فرزند! خرقهٔ درویشان جامهٔ رضاست، هر که در این کسوت تحمّل بی‌مرادی نکند، مدعی است و خرقه بر او حرام.

| دریای فراوان نشود تیره به سنگ | عارف که برنجد تُنُک آب است هنوز |

***

| گــر گــزنــدت رســد تحــمــل کــن | کــه بــه عفــو از گــناه پــاک شــوی |
| ای بــرادر چــو خــاک خــواهــی شــد | خاک شو، پیش از آنکه خاک شوی |

حکایت

| ایــن حکایت شنــو که در بغــداد | رایــت و پــرده را خــلاف افتاد |
| رایــت از گــرد راه و رنــج رکــاب | گفت بــا پــرده از طریــق عتاب: |

من و تو هر دو خواجه‌تاشانیم	بندهٔ بارگاه سلطانیم
من ز خدمت دمی نیاسودم	گاه و بی‌گاه در سفر بودم
تو نه رنج آزموده‌ای، نه حصار	نه بیابان و باد و گرد و غبار
قدم من به سعی پیش‌تر است	پس چرا عزت تو بیشتر است
تو بر بندگان مه‌رویی	با غلامان یاسمن بویی
من فتاده به دست شاگردان	به سفر پای‌بند و سرگردان
گفت: من سر بر آستان دارم	نه چو تو سر بر آسمان دارم
هر که بیهوده گردن افرازد	خویشتن را به گردن اندازد

حکایت

یکی از صاحبدلان زورآزمایی را دید به هم برآمده و کف بر دماغ انداخته. گفت: این را چه حالت است؟ گفتند: فلان دشنام دادش. گفت: این فرومایه هزار من سنگ برمی‌دارد و طاقت سخنی نمی‌آرد.

لاف سرپنجگی و دعوی مردی بگذار
عاجز نفس فرومایه، چه مردی، چه زنی

گرت از دست برآید، دهنی شیرین کن
مردی آن نیست که مشتی بزنی بر دهنی

***

اگر خود بـردَرَد پیشانی پیل
نه مرد است آن که در وی مردمی نیست
بنی‌آدم سرشت از خاک دارد
اگر خاکی نباشد آدمی نیست

حکایت

بزرگی را پرسیدم از سیرت اخوان صفا. گفت: کمینه آن که مراد خاطر یاران بر مصالح خویش مقدّم دارد و حکما گفته‌اند: برادر که در بند خویش است، نه برادر و نه خویش است.

همراه اگر شتاب کند، همره تو نیست   دل در کسی مبند که دل‌بستۀ تو نیست

***

چون نبود خویش را دیانت و تقوی   قطع رَحِم بهتر از مودّت قُربی

یاد دارم که مدّعی در این بیت بر قول من اعتراض کرده بود و گفته: حق تعالی در کتاب مجید از قطع رَحِم نهی کرده است و به مودّت ذی‌القربی فرموده و

این‌چه تو گفتی مناقض آن است. گفتم: غلط کردی که موافق قرآن است: و اِن جاهَداکَ عَلی اَن تُشْرِکَ بی ما لَیْسَ لَکَ به عِلمٌ فلا تُطِعْهما.

هزار خویش که بیگانه از خدا باشد		فدای یک تنِ بیگانه کآشنا باشد

حکایت

پیرمردی لطیف در بغداد		دخترک را به کفشدوزی داد
مردک سنگ‌دل چنان بگزید		لب دختر که خون از او بچکید
بامدادان پدر چنان دیدش		پیش داماد رفت و پرسیدش
کای فرومایه این چه دندان است؟		چند خایی لبش؟ نه انبان است
به مزاحت نگفتم این گفتار		هزل بگذار و جِد از او بردار
خوی بد در طبیعتی که نشست		ندهد جز به وقت مرگ از دست

حکایت

آورده‌اند که فقیهی دختری داشت به غایت زشت، به جای زنان رسیده و با وجود جهاز و نعمت کسی در مناکحت او رغبت نمی‌نمود.

زشت باشد دبیقی و دیبا		که بود بر عروس نازیبا

فی‌الجمله به حکم ضرورت عقد نکاحش با ضریری ببستند. آورده‌اند که حکیمی در آن تاریخ از سرندیب آمده بود که دیدهٔ نابینا روشن همی‌کرد. فقیه را گفتند: داماد را چرا علاج نکنی؟ گفت: ترسم که بینا شود و دخترم را طلاق دهد.

شوی زن زشت‌روی، نابینا به

حکایت

پادشاهی به دیده استحقار در طایفه درویشان نظر کرد. یکی زآن میان به فراست به جای آورد و گفت: ای ملک! ما در این دنیا به جِیش از تو کمتریم و به عیش خوش‌تر و به مرگ برابر و به قیامت بهتر.

اگر کشورخدای کامران است   وگر درویش حاجتمند نان است

در آن ساعت که خواهند این و آن مرد   نخواهند از جهان بیش از کفن برد

چو رخت از مملکت بربست خواهی   گدایی بهتر است از پادشاهی

ظاهرِ درویشی جامه ژنده است و موی سِترده و حقیقتِ آن دلِ زنده و نفس مرده.

نه آن که بر در دعوی نشیند از خلقی   وگر خلاف کنندش به جنگ برخیزد

اگر ز کوه فروغلطد آسیاسنگی   نه عارف است که از راه سنگ برخیزد

طریق درویشان ذکر است و شکر و خدمت و طاعت و ایثار و قناعت و توحید و توکل و تسلیم و تحمل. هر که بدین صفت‌ها که گفتم، موصوف است به حقیقت درویش است وگر در قباست. اما هرزه‌گردی بی‌نماز هواپرست هوس‌باز که روزها به شب آرد در بند شهوت و شب‌ها روز کند در خواب غفلت و بخورد هرچه در میان آید و بگوید هرچه بر زبان آید، رند است وگر در عباست.

ای درونت برهنه از تقوی   کز برون جامهٔ ریا داری
پردهٔ هفت رنگ در مگذار   تو که در خانه بوریا داری

حکایت

دیدم گل تازه چند دسته   بر گنبدی از گیاه رسته
گفتم: چه بود گیاه ناچیز   تا در صف گل نشیند او نیز؟
بگریست گیاه و گفت: خاموش   صحبت نکند کرم فراموش
گر نیست جمال و رنگ و بویم   آخر نه گیاه باغ اویم؟
من بندهٔ حضرت کریمم   پروردهٔ نعمت قدیمم
گر بی‌هنرم وگر هنرمند   لطف است امیدم از خداوند
با آن که بضاعتی ندارم   سرمایهٔ طاعتی ندارم

او چارهٔ کار بنده داند		چون هیچ وسیلتش نماند
رسم است که مالکان تحریر		آزاد کنند بندهٔ پیر
ای بارخدای عالم‌آرای		بر بندهٔ پیر خود ببخشای
سعدی ره کعبهٔ رضا گیر		ای مرد خدا درِ خدا گیر
بدبخت کسی که سر بتابد		زین در که دری دگر بیابد

حکایت

حکیمی را پرسیدند: از سخاوت و شجاعت کدام بهتر است؟ گفت: آن که را سخاوت است به شجاعت حاجت نیست.

نماند حاتم طایی ولیک تا به ابد		بماند نام بلندش به نیکویی مشهور
زکات مال به در کن که فضلهٔ رز را		چو باغبان بزند بیشتر دهد انگور

***

نبشته است بر گور بهرام گور		که دست کرم به ز بازوی زور

باب سوم
در فضلیت قناعت

حکایت

خواهندهٔ مغربی در صف بزّازان حلب می‌گفت: ای خداوندان نعمت، اگر شما را انصاف بودی و ما را قناعت، رسم سؤال از جهان برخاستی.

ای قناعت! توانگرم گردان — که ورای تو هیچ نعمت نیست
کنج صبر اختیار لقمان است — هر که را صبر نیست حکمت نیست

حکایت

دو امیرزاده در مصر بودند. یکی علم آموخت و دیگر مال اندوخت. عاقبةالأمر آن یکی علاّمهٔ عصر گشت و این یکی عزیز مصر شد. پس این توانگر به چشم حقارت در فقیه نظر کردی و گفتی: من به سلطنت رسیدم و این همچنان در مسکنت بمانده است. گفت: ای برادر! شکر نعمت باری عزّ اسمه همچنان افزون‌تر است بر من که میراث پیغمبران یافتم؛ یعنی علم و تو را میراث فرعون و هامان رسید؛ یعنی ملک مصر.

من آن مورم که در پایم بمالند	نه زنبورم که از دستم بنالند
کجا خود شکر این نعمت گزارم	که زور مردم‌آزاری ندارم

حکایت

درویشی را شنیدم که در آتش فاقه می‌سوخت و رقعه بر خرقه همی‌دوخت و تسکین خاطر مسکین را همی‌گفت:

به نان خشک قناعت کنیم و جامهٔ دلق
که بار محنت خود، به که بار منت خلق

کسی گفتش: چه نشینی که فلان در این شهر طبعی کریم دارد و کرمی عمیم، میان به خدمت آزادگان بسته و بر در دل‌ها نشسته. اگر بر صورت حال تو چنان که هست وقوف یابد، پاس خاطر عزیزان داشتن منّت دارد و غنیمت شمارد. گفت: خاموش! که در پسی مردن به که حاجت پیش کسی بردن.

هم رقعه دوختن به و الزام کنج صبر
کز بهر جامه رقعه بر خواجگان نبشت

حقا که با عقوبت دوزخ برابر است
رفتن به پایمردی همسایه در بهشت

۱۱۲

حکایت

یکی از ملوک عجم طبیبی حاذق به خدمت مصطفی صلی‌الله‌علیه‌وسلم فرستاد. سالی در دیار عرب بود و کسی تجربه پیش او نیاورد و معالجه از وی درنخواست. پیش پیغمبر آمد و گله کرد که مر این بنده را برای معالجت اصحاب فرستاده‌اند و در این مدّت کسی التفاتی نکرد تا خدمتی که بر بنده معیّن است، به جای آورد. رسول علیه‌السّلام گفت: این طایفه را طریقتی است که تا اشتها غالب نشود، نخورند و هنوز اشتها باقی بود که دست از طعام بدارند. حکیم گفت: این است موجب تندرستی. زمین ببوسید و برفت.

سخن آن‌گه کند حکیم آغاز — یا سرانگشت سوی لقمه دراز

که ز ناگفتنش خلل زاید — یا ز ناخوردنش به جان آید

لاجرم حکمتش بود گفتار — خوردنش تندرستی آرد بار

حکایت

در سیرت اردشیر بابکان آمده است که حکیم عرب را پرسید که روزی چه مایه طعام باید خوردن؟ گفت: صد درم سنگ کفایت است. گفت: این قدر چه قوّت دهد؟ گفت: هذا المِقدارُ یَحمِلُکَ و ما زادَ عَلی ذلک فَانتَ حامِلُه؛ یعنی این قدر تو را بر پای همی‌دارد و هرچه بر این زیادت کنی، تو حمال آنی.

خوردن برای زیستن و ذکر کردن است
تو معتقد که زیستن ازبهرِ خوردن است

حکایت

دو درویش خراسانی مُلازم صحبت یکدیگر سفر کردندی. یکی ضعیف بود که هر به دو شب افطار کردی و دیگر قوی که روزی سه بار خوردی. اتفاقاً بر درِ شهری به تهمتِ جاسوسی گرفتار آمدند. هر دو را به خانه‌ای کردند و در به گل برآوردند. بعد از دو هفته معلوم شد که بی‌گناهند. در را گشادند، قوی را دیدند مرده و ضعیف جان به سلامت بُرده. مردم در این عجب ماندند.

حکیمی گفت: خلاف این عجب بودی، آن یکی بسیارخوار بوده است، طاقت بی‌نوایی نیاورد، به سختی هلاک شد. وین دگر خویشتن‌دار بوده است، لاجرم بر عادت خویش صبر کرد و به سلامت بماند.

چو کم‌خوردن طبیعت شد کسی را   چو سختی پیشش آید، سهل گیرد
وگر تن‌پرور است اندر فراخی   چو تنگی بیند از سختی بمیرد

حکایت

یکی از حکما پسر را نهی همی‌کرد از بسیار خوردن که سیری مردم را رنجور کند. گفت: ای پدر! گرسنگی خلق را بکشد، نشنیده‌ای که ظریفان گفته‌اند: به

سیری مُردن به که گرسنگی بردن. گفت: اندازه نگهدار، کُلوا وَ اشرَبوا وَ لا تُسْرِفوا.

نه چندان بخور کز دهانت برآید
نه چندان که از ضعف جانت برآید

***

با آن که در وجود طعام است عیش نفس
رنج آورد طعام که بیش از قدر بود
گر گُل‌شِکر خوری به تکلف زیان کند
ور نان خشک دیر خوری گُل‌شِکر بود

رنجوری را گفتند: دلت چه می‌خواهد؟ گفت: آن که دلم چیزی نخواهد.

معده چو کج گشت و شکم درد خاست
سود ندارد همه اسباب راست

حکایت

بقالی را درمی چند بر صوفیان گرد آمده بود در واسط. هر روز مطالبت کردی و سخنان با خشونت گفتی. اصحاب از تعنّت وی خسته‌خاطر همی‌بودند و از تحمل چاره نبود. صاحب‌دلی در آن میان گفت: نفس را وعده دادن به طعام آسان‌تر است که بقال را به درم.

تـرک احسـان خـواجـه اولـی‌تـر	کـاحـتـمـال جفـای بَـوّابـان
بـه تمـنـای گـوشـت، مــردن به	کـه تـقـاضـای زشــت قصـابـان

حکایت

جوانمردی را در جنگ تاتار جراحتی هول رسید. کسی گفت: فلان بازرگان نوشدارو دارد. اگر بخواهی باشد که دریغ ندارد. گویند آن بازرگان به بخل معروف بود.

گر به جای نانش اندر سفره بودی آفتاب
تا قیامت روز روشن کس ندیدی در جهان

جوانمرد گفت: اگر خواهم، دارو دهد یا ندهد و گر دهد، منفعت کند یا نکند، باری خواستن از او زهر کشنده است.

هـرچـه از دونــان بـه مـنّـت خـواسـتی
در تــن افـــزودیّ و از جــان کاستی

و حکیمان گفته‌اند: آب حیات اگر فروشند فی‌المثل به آب روی، دانا نخرد که مردن به علت به از زندگانی به مذلت.

اگر حنظل خـوری از دست خوش‌خوی
بـه از شیـرینی از دســت تــرش‌روی

حکایت

یکی از علما خورندهٔ بسیار داشت و کفاف اندک. یکی را از بزرگان که در او معتقد بود، بگفت. روی از توقع او در هم کشید و تعرّض سؤال از اهل ادب در نظرش قبیح آمد.

ز بخت روی‌ترش‌کرده پیش یار عزیز
مرو که عیش بر او نیز تلخ گردانی

به حاجتی که روی تازه‌روی و خندان رو
فرو نبندد کار گشاده‌پیشانی

آورده‌اند که اندکی در وظیفهٔ او زیادت کرد و بسیاری از ارادت کم. دانشمند چون پس از چند روز مودّت معهود بر قرار ندید، گفت:

بِئس المطاعِمُ حینَ الذُلِّ تکسِبُها
القِدرُ مُنْتَصَبٌ وَ القَدرُ مَخفوضٌ

***

نانم افزود و آبرویم کاست   بینوایی به از مذلّت خواست

حکایت

درویشی را ضرورتی پیش آمد. کسی گفت: فلان نعمتی دارد بی‌قیاس، اگر بر حاجت تو واقف گردد، همانا که در قضای آن توقف روا ندارد. گفت: من او را ندانم. گفت: مَنَت رهبری کنم. دستش گرفت تا به منزل آن شخص درآورد. یکی را دید لب فروهشته و تند نشسته. برگشت و سخن نگفت. کسی گفتش: چه کردی؟ گفت: عطای او را به لقای او بخشیدم.

مبر حاجت به نزدیک ترش‌روی   که از خوی بدش فرسوده گردی
اگر گویی غم دل با کسی گوی   که از رویش به نقد آسوده گردی

حکایت

خشکسالی در اسکندریه، عنان طاقت درویش از دست رفته بود. درهای آسمان بر زمین بسته و فریاد اهل زمین به آسمان پیوسته.

نماند جانور از وحش و طیر و ماهی و مور
که بر فلک نشد از بی‌مرادی افغانش
عجب که دود دل خلق جمع می‌نشود
که ابر گردد و سیلاب دیده بارانش

در چنین سال، مخنّثی، دور از دوستان که سخن در وصف او ترک ادب است،

خاصه در حضرت بزرگان و به طریقِ اهمال از آن درگذشتن هم نشاید که طایفه‌ای بر عجز گوینده حمل کنند، بر این دو بیت اقتصار کنیم که اندک، دلیل بسیاری باشد و مشتی نمودار خرواری:

گر تتر بکشد این مخنّث را | تتری را دگر نباید کشت
چند باشد چو جِسر بغدادش | آب در زیر و آدمی در پشت

چنین شخصی که یک طرف از نعت او شنیدی، در این سال نعمتی بی‌کران داشت؛ تنگ‌دستان را سیم و زر دادی و مسافران را سفره نهادی. گروهی درویشان از جور فاقه به طاقت رسیده بودند. آهنگ دعوت او کردند و مشاورت به من آوردند. سر از موافقت باززدم و گفتم:

نخورَد شیر، نیم‌خوردهٔ سگ | ور بمیرد به سختی اندر غار
تن به بیچارگی و گرسنگی | بنه و دست پیش سفله مدار
گر فریدون شود به نعمت و ملک | بی‌هنر را به هیچ‌کس مشمار
پرنیان و نسیج بر نااهل | لاجورد و طلاست بر دیوار

حکایت

حاتم طایی را گفتند: از تو بزرگ‌همت‌تر در جهان دیده‌ای یا شنیده‌ای؟ گفت: بلی! روزی چهل شتر قربان کرده بودم امرای عرب را، پس به گوشهٔ صحرایی به حاجتی برون رفته بودم. خارکنی را دیدم، پشته فراهم آورده. گفتمش: به مهمانی حاتم چرا نروی که خلقی بر سماط او گرد آمده‌اند؟ گفت:

هر که نان از عمل خویش خورد منت حاتم طایی نبرد

من او را به همت و جوانمردی از خود برتر دیدم.

حکایت

موسی علیه‌السّلام درویشی را دید از برهنگی به ریگ اندر شده. گفت: ای موسی! دعا کن تا خدا عزّوجلّ مرا کفافی دهد که از بی‌طاقتی به جان آمدم. موسی دعا کرد و برفت. پس از چند روز که بازآمد از مناجات، مرد را دید گرفتار و خلقی انبوه بر او گرد آمده. گفت: این چه حالت است؟ گفتند: خمر خورده و عربده کرده و کسی را کشته، اکنون به قصاص فرموده‌اند و لطیفان گفته‌اند:

گربهٔ مسکین اگر پر داشتی تخم گنجشک از جهان برداشتی

***

عاجز باشد که دست قوّت یابد برخیزد و دست عاجزان برتابد

و لو بسط اللهُ الرزقَ لعباده لبَغَوا فی الارض. موسی علیه‌السّلام به حکمت جهان‌آفرین اقرار کرد و از تجاسر خویش استغفار.

ماذا اخاضَکَ یا مغرورُ فی الخَطَرِ   حتی هَلَکتَ فَلَیتَ النملَ لم یَطِرِ

***

بنده چو جاه آمد و سیم و زرش   سیلی خواهد به ضرورت سرش
آن نشنیدی که فلاطون چه گفت   مور همان به که نباشد پرش

پدر را عسل بسیار است؛ ولی پسر گرمی‌دار است.

آنکس که توانگرت نمی‌گرداند   او مصلحت تو از تو بهتر داند

حکایت

اعرابی را دیدم در حلقهٔ جوهریان بصره که حکایت همی‌کرد که وقتی در بیابانی راه گم کرده بودم و از زاد معنی چیزی با من نمانده بود و دل بر هلاک نهاده، که همی ناگاه کیسه‌ای یافتم پر مروارید. هرگز آن ذوق و شادی فراموش نکنم که پنداشتم گندم بریان است، باز آن تلخی و نومیدی که معلوم کردم که مروارید است!

در بیابان خشک و ریگ روان   تشنه را در دهان چه دُر، چه صدف

مـرد بـی‌تـوشـه کـاوفـتـاد از پـای   بـر کمربند او چـه زر، چـه خَـزَف

حکایت

یکی از عرب در بیابانی از غایت تشنگی می‌گفت:

یا لیت قبلَ مَنیَّتی یوماً اَفوزُ بمُنیتی   نَهراً تلاطَمُ رُکبَتی و اَظَلُّ املاءُ قِربَتی

حکایت

همچنین در قاع بسیط مسافری گم شده بود و قوت و قوّتش به آخر آمده و درمی چند بر میان داشت. بسیاری بگردید و ره به جایی نبرد. پس به سختی هلاک شد. طایفه‌ای برسیدند و درمها دیدند پیش رویش نهاده و بر خاک نبشته:

گـر هـمـه زر جـعـفـری دارد   مـرد بـی‌تـوشـه بـرنـگـیـرد گـام

در بـیـابـان فـقـیـر سـوخـتـه را   شـلـغـم پـخـتـه بـه کـه نـقـرهٔ خـام

حکایت

هرگز از دور زمان ننالیده بودم و روی از گردش آسمان در هم نکشیده، مگر وقتی که پایم برهنه مانده بود و استطاعت پای‌پوشی نداشتم. به جامع کوفه درآمدم دل‌تنگ، یکی را دیدم که پای نداشت. سپاس نعمت حق به جای آوردم و بر بی‌کفشی صبر کردم.

مرغ بریان به چشم مردم سیر   کمتر از برگ ترّه بر خوان است
وآن که را دستگاه و قوت نیست   شلغم پخته، مرغ بریان است

حکایت

یکی از ملوک با تنی چند خاصان در شکارگاهی به زمستان از عمارت دور افتادند تا شب درآمد. خانهٔ دهقانی دیدند. ملک گفت: شب آنجا رویم تا زحمت سرما نباشد. یکی از وزرا گفت: لایق قدر پادشاه نیست به خانه دهقانی التجا کردن، هم اینجا خیمه زنیم و آتش کنیم. دهقان را خبر شد. ماحَضَری ترتیب کرد و پیش آورد و زمین ببوسید و گفت: قدر بلند سلطان نازل نشدی، ولیکن نخواستند که قدر دهقان بلند گردد. سلطان را سخن گفتن او مطبوع آمد. شبانگاه به منزل او نقل کردند. بامدادانش خلعت و نعمت فرمود. شنیدندش که قدمی چند در رکاب سلطان همی‌رفت و می‌گفت:

ز قدر و شوکت سلطان نگشت چیزی کم
از التفات به مهمان‌سرای دهقانی
کلاه‌گوشهٔ دهقان به آفتاب رسید
که سایه بر سرش انداخت چون تو سلطانی

حکایت

گدایی هول را حکایت کنند که نعمتی وافر اندوخته بود. یکی از پادشاهان گفتش: همی‌نمایند که مال بی‌کران داری و ما را مهمی هست، اگر به برخی از آن دستگیری کنی، چون ارتفاع رسد وفا کرده شود و شکر گفته. گفت: ای خداوند روی زمین! لایق قدر بزرگوار پادشاه نباشد دست همت به مال چون من گدایی آلوده کردن که جو جو به گدایی فراهم آورده‌ام. گفت: غم نیست که به کافر می‌دهم، اَلخبیثاتُ لِلخبیثین.

گر آب چاه نصرانی نه پاک است   جهود مرده می‌شویی چه باک است

***

قالو عَجینُ الکِلْسِ لَیْسَ بِطاهِرٍ   قُلْنا نَسُدُ بِه شُقوقَ المَبرزِ

شنیدم که سر از فرمان ملک باززد و حجت آوردن گرفت و شوخ‌چشمی کردن. بفرمود تا مضمون خطاب از او به زجر و توبیخ مستخلص کردند.

به لطافت چو برنیاید کار   سر به بی‌حرمتی کشد ناچار

هر که بر خویشتن نبخشاید   گر نبخشد کسی بر او شاید

حکایت

بازرگانی را شنیدم که صدوپنجاه شتر بار داشت و چهل بنده خدمتکار. شبی در جزیرهٔ کیش مرا به حجرهٔ خویش درآورد. همه شب نیارمید از سخن‌های پریشان گفتن که فلان انبازم به ترکستان و فلان بضاعت به هندوستان است و این قبالهٔ فلان زمین است و فلان‌چیز را فلان ضمین. گاه گفتی: خاطر اسکندریه دارم که هوایی خوش است. باز گفتی: نه! که دریای مغرب مشوّش است.

سعدیا! سفری دیگرم در پیش است، اگر آن کرده شود بقیّت عمر خویش به گوشه‌ای بنشینم. گفتم: آن کدام سفر است؟ گفت: گوگرد پارسی خواهم بردن به چین که شنیدم قیمتی عظیم دارد و از آنجا کاسهٔ چینی به روم آرم و دیبای رومی به هند و فولاد هندی به حلب و آبگینهٔ حلبی به یمن و برد یمانی به پارس و زآن پس ترک تجارت کنم و به دکّانی بنشینم. انصاف از این ماخولیا چندان فروگفت: که بیش طاقت گفتنش نماند! گفت: ای سعدی! تو هم سخنی بگوی از آن‌ها که دیده‌ای و شنیده‌ای. گفتم:

آن شنیدستی که در اقصای غور   بارسالاری بیفتاد از ستور

گفت چشم تنگ دنیادوست را   یا قناعت پر کند یا خاک گور

حکایت

مالداری را شنیدم که به بخل چنان معروف بود که حاتم طایی در کرم. ظاهر حالش به نعمت دنیا آراسته و خسّت نفس جبلّی در وی همچنان متمکّن تا به جایی که نانی به جانی از دست ندادی و گربهٔ بوهُریره را به لقمه‌ای ننواختی و سگ اصحاب‌الکهف را استخوانی نینداختی. فی‌الجمله خانهٔ او را کس ندیدی در گشاده و سفرهٔ او را سر گشاده.

درویش به‌جز بوی طعامش نشنیدی
مرغ از پس نان خوردن او ریزه نچیدی

شنیدم که به دریای مغرب اندر راه مصر برگرفته بود و خیال فرعونی در سر، حتی اذا ادرَکَهُ الغَرَقُ، بادی مخالف کشتی برآمد.

با طبع ملولت چه کند هر که نسازد؟
شُرطه همه وقتی نبود لایق کشتی

دست دعا برآورد و فریاد بی‌فایده خواندن گرفت. واذا رَکِبوا فی الفُلکِ دَعَوُ اللهَ مخلصینَ له الدینُ.

دست تضرع چه سود بندهٔ محتاج را — وقت دعا بر خدای وقت کرم در بغل

***

از زر و سیم راحتی برسان — خویشتن هم تمتّعی برگیر

وآنگه این خانه کز تو خواهد ماند   خشتی از سیم و خشتی از زر گیر

آورده‌اند که در مصر اقارب درویش داشت. به بقیّت مال او توانگر شدند و جامه‌های کهن به مرگ او بدریدند و خز و دمیاطی بریدند. هم در آن هفته یکی را دیدم از ایشان بر بادپایی روان، غلامی در پی دوان.

وه که گر مرده بازگردیدی   به میان قبیله و پیوند
ردّ میراث سخت‌تر بودی   وارثان را ز مرگ خویشاوند

به سابقهٔ معرفتی که میان ما بود آستینش گرفتم و گفتم:

بخور ای نیک‌سیرت سره‌مرد   کان نگون‌بخت گرد کرد و نخَورد

حکایت

صیادی ضعیف را ماهی قوی به دام اندر افتاد. طاقت حفظ آن نداشت، ماهی بر او غالب آمد و دام از دستش در ربود و برفت.

شد غلامی که آب جوی آرد   جوی آب آمد و غلام ببرد!
دام هر بار ماهی آوردی   ماهی این‌بار رفت و دام ببرد

دیگر صیادان دریغ خوردند و ملامتش کردند که چنین صیدی در دامت افتاد و

ندانستی نگاه داشتن. گفت: ای برادران، چه توان کردن؟ مرا روزی نبود و ماهی را همچنان روزی مانده بود. صیاد بی‌روزی در دجله نگیرد و ماهی بی‌اجل بر خشک نمیرد.

حکایت

دست و پا بریده‌ای هزارپایی بکشت. صاحب‌دلی بر او گذر کرد و گفت: سبحان‌الله! با هزار پای که داشت، چون اجلش فرارسید، از بی‌دست‌وپایی گریختن نتوانست.

چو آید ز پی دشمن جان‌ستان   ببندد اجل پای اسب دوان
در آن دم که دشمن پیاپی رسید   کمان کیانی نشاید کشید

حکایت

ابلهی را دیدم سمین، خلعتی ثمین در بر و مرکبی تازی در زیر و قصبی مصری بر سر. کسی گفت: سعدی! چگونه همی‌بینی این دیبای مُعْلَم بر این حیوان لا یعلَمْ؟ گفتم:

قد شابَهَ بِالوَری حِمارٌ   عِجلاً جَسَداً لَهُ خُوارٌ

***

یک خلقت زیبا به از هزار خلعت دیبا

***

به آدمی نتوان گفت: ماند این حیوان مگر دراعه و دستار و نقش بیرونش
بگرد در همه اسباب ملک و هستی او که هیچ چیز نبینی حلال جز خونش

حکایت

دزدی گدایی را گفت: شرم نداری که دست از برای جوی سیم، پیش هر لئیم دراز می‌کنی؟ گفت:

دست دراز از پی یک حبه سیم به که ببرند به دانگی و نیم

حکایت

مشت‌زنی را حکایت کنند که از دهر مخالف به فغان آمده و حلق فراخ از دست تنگ به جان رسیده، شکایت پیش پدر برد و اجازت خواست که عزم سفر دارم، مگر به قوّت بازو دامن کامی فرا چنگ آرم.

فضل و هنر ضایع است تا ننمایند عود بر آتش نهند و مشک بسایند

پدر گفت: ای پسر! خیال محال از سر به در کن و پای قناعت در دامن سلامت کش که بزرگان گفته‌اند: دولت نه به کوشیدن است، چاره کم جوشیدن است.

کس نتواند گرفت دامن دولت به زور
کوشش بی‌فایده است، وَسمه بر ابروی کور

***

اگر به هر سر موییت، صد خرد باشد
خرد به کار نیاید، چو بخت بد باشد

پسر گفت: ای پدر! فواید سفر بسیار است، از نُزهت خاطر و جَرّ منافع و دیدن عجایب و شنیدن غرایب و تفرّج بُلدان و مجاورت خُلّان و تحصیل جاه و ادب و مزید مال و مکتسب و معرفت یاران و تجربت روزگاران، چنان‌که سالکان طریقت گفته‌اند:

تا به دکّان و خانه در گروی — هرگز ای خام آدمی نشوی
برو اندر جهان تفرج کن — پیش از آن روز کز جهان بروی

پدر گفت: ای پسر! منافع سفر چنین که گفتی بی‌شمار است؛ ولیکن مسلّم پنج طایفه راست: نخستین بازرگانی که با وجود نعمت و مکنت، غلامان و کنیزان دارد، دلاویز و شاگردان چابک. هر روز به شهری و هر شب به مقامی و هر دم به تفرجگاهی از نعیم دنیا متمتّع.

منعم به کوه و دشت و بیابان غریب نیست
هرجا که رفت خیمه زد و خوابگاه ساخت
و آن را که بر مراد جهان نیست دسترس
در زادوبوم خویش غریب است و ناشناخت

دوم عالِمی که به منطق شیرین و قوّت فصاحت و مایه بلاغت هرجا که رود به خدمت او اقدام نمایند و اکرام کنند.

وجود مردم دانا مثال زر طلیست — که هر کجا برود قدر و قیمتش دانند
بـزرگ‌زادهٔ نـادان به شهروا ماند — که در دیار غریبش به هیچ نستانند

سِیُم خوب‌رویی که درون صاحب‌دلان به مخالطت او میل کند که بزرگان گفته‌اند: اندکی جمال به از بسیاری مال و گویند: روی زیبا مرهم دل‌های خسته است و کلید درهای بسته، لاجرم صحبت او را همه جای غنیمت شناسند و خدمتش را منّت دانند.

شاهد آنجا که رود حرمت و عزت بیند
ور برانند به قهرش پدر و مادر و خویش

پـر طـاووس در اوراق مصاحف دیـدم
گفتم این منزلت از قدر تو می‌بینم بیش

گفت خاموش که هر کس که جمالی دارد
هر کجا پای نهد دست ندارندش پیش

***

چـون در پسر موافقی و دلـبری بود
اندیشه نیست گر پدر از وی بری بود

او گوهر است گو صدفش در جهان مباش
دُرّ یتیم را همه کس مشتری بود

چهارم خوش‌آوازی که به حنجرهٔ داوودی آب از جریان و مرغ از طیران بازدارد، پس به وسیلت این فضیلت دل مشتاقان صید کند و ارباب معنی به منادمت او رغبت نمایند و به انواع خدمت کنند.

سمعی اِلی حُسن الاغانی — مَنْ ذا الّذی جَسّ المثانی

***

چه خوش باشد آهنگ نرم حزین — به گوش حریفان مست صبوح
به از روی زیباست آواز خوش — که آن حظ نفس است و این قوت روح

یا کمینه پیشه‌وری که به سعی بازو کفافی حاصل کند تا آبروی از بهرِ نان ریخته نگردد؛ چنان که خردمندان گفته‌اند:

گر به غریبی رود از شهر خویش — سختی و محنت نبرد پینه‌دوز
ور به خرابی فتد از مملکت — گرسنه خفتد ملک نیمروز

چنین صفت‌ها که بیان کردم ای فرزند، در سفر موجب جمعیّت خاطر است و داعیهٔ طیب عیش و آن که از این جمله بی‌بهره است، به خیال باطل در جهان برود و دیگر کسش نام و نشان نشنود.

هر آن که گردش گیتی به کین او برخاست
به غیر مصلحتش رهبری کند ایام

کبوتری که دگر آشیان نخواهد دید
قضا همی‌بردش تا به سوی دانهٔ دام

پسر گفت: ای پدر! قول حکما را چگونه مخالفت کنیم که گفته‌اند: رزق اگر چه مقسوم است، به اسباب حصول آن تعلق شرط است و بلا اگر چه مقدور، از ابواب دخول آن احتراز واجب.

رزق اگر چند بی‌گمان برسد   شرط عقل است جستن از درها
ورچه کس بی‌اجل نخواهد مرد   تو مرو در دهان اژدرها

در این صورت که منم با پیل دمان بزنم و با شیر ژیان پنجه درافکنم. پس مصلحت آن است ای پدر که سفر کنم کز این بیش طاقت بینوایی نمی‌آرم.

چون مرد درفتاد ز جای و مقام خویش
دیگر چه غم خورد، همه آفاق جای اوست

شب هر توانگری به سرایی همی‌روند
درویش هر کجا که شب آمد، سرای اوست

این بگفت و پدر را وداع کرد و همّت خواست و روان شد و با خود همی‌گفت:

هنرور چو بختش نباشد به کام   به جایی رود کش ندانند نام

همچنین تا برسید به کنار آبی که سنگ از صلابت او بر سنگ همی‌آمد و خروش به فرسنگ می‌رفت.

سهمگن آبی که مرغابی در او ایمن نبودی
کمترین موج، آسیاسنگ از کنارش درربودی

گروهی مردمان را دید، هر یک به قراضه‌ای در معبر نشسته و رخت سفر بسته. جوان را دست عطا بسته بود، زبان ثنا برگشود. چندان که زاری کرد، یاری نکردند. ملّاح بی‌مروّت به خنده برگردید و گفت:

زر نداری نتوان رفت به زور از در یار
زور ده‌مَرده چه باشد، زر یک‌مَرده بیار

جوان را دل از طعنه ملّاح به هم برآمد. خواست که از او انتقام کشد، کشتی رفته بود. آواز داد و گفت: اگر بدین جامه که پوشیده دارم قناعت کنی، دریغ نیست. ملّاح طمع کرد و کشتی بازگردانید.

بدوزد شره دیدهٔ هوشمند   درآرد طمع مرغ و ماهی به بند

چندان که ریش و گریبان به دست جوان افتاد، به خود درکشید و بی‌محابا کوفتن گرفت. یارش از کشتی به درآمد تا پشتی کند، همچنین درشتی دید و پشت بداد. جز این چاره نداشتند که با او به مصالحت گرایند و به اجرت مسامحت نمایند. کلُّ مداراةٍ صدقةً

چو پرخاش بینی تحمل بیار که سهلی ببندد در کارزار
به شیرین‌زبانی و لطف و خوشی توانی که پیلی به مویی کشی

به عذر ماضی در قدمش فتادند و بوسهٔ چندی به نفاق بر سر و چشمش دادند. پس به کشتی درآوردند و روان شدند تا برسیدند به ستونی از عمارت یونان در آب ایستاده. ملّاح گفت: کشتی را خلل هست، یکی از شما که دلاورتر است باید که بدین ستون برود و خِطام کشتی بگیرد تا عمارت کنیم. جوان به غرور دلاوری که در سر داشت، از خصم دل‌آزرده نیندیشید و قول حکما که گفته‌اند: هر که را رنجی به دل رسانیدی، اگر در عقب آن صد راحت برسانی، از پاداش آن یک رنجش ایمن مباش که پیکان از جراحت به درآید و آزار در دل بماند.

چه خوش گفت: بکتاش با خیلتاش چو دشمن خراشیدی ایمن مباش

***

مشو ایمن که تنگدل گردی چون ز دستت دلی به تنگ آید
سنگ بر بارهٔ حصار مزن که بود کز حصار سنگ آید

چندان که مِقود کشتی به ساعد برپیچید و بالای ستون رفت، ملّاح زمام از کفش درگسلانید و کشتی براند. بیچاره متحیر بماند. روزی دو بلا و محنت کشید و سختی دید. سِیُم خوابش گریبان گرفت و به آب انداخت. بعد شبان‌روزی دگر

بر کنار افتاد، از حیاتش رمقی مانده. برگ درختان خوردن گرفت و بیخ گیاهان برآوردن، تا اندکی قوّت یافت. سر در بیابان نهاد و همی‌رفت تا تشنه و بی‌طاقت به سر چاهی رسید، قومی بر او گرد آمده و شربتی آب به پشیزی همی‌آشامیدند. جوان را پشیزی نبود. طلب کرد و بیچارگی نمود، رحمت نیاوردند. دست تعدّی دراز کرد، میسّر نشد. به ضرورت تنی چند را فروکوفت، مردان غلبه کردند و بی‌محابا بزدند و مجروح شد.

پشّه چو پر شد بزند پیل را   با همه تندی و صلابت که اوست
مورچگان را چو بود اتفاق   شیر ژیان را بدرانند پوست

به حکم ضرورت در پی کاروانی افتاد و برفت. شبانگه برسیدند به مقامی که از دزدان پر خطر بود. کاروانیان را دید لرزه بر اندام اوفتاده و دل بر هلاک نهاده. گفت: اندیشه مدارید که یکی منم در این میان که به تنها پنجاه مرد را جواب دهم و دیگر جوانان هم یاری کنند. این بگفت و مردم کاروان را به لاف او، دل قوی گشت و به صحبتش شادمانی کردند و به زاد و آبش دستگیری واجب دانستند. جوان را آتش معده بالا گرفته بود و عنان طاقت از دست رفته. لقمه‌ای چند از سر اشتها تناول کرد و دمی چند آب در سرش آشامید تا دیو درونش بیارمید و بخفت. پیرمردی جهان‌دیده در آن میان بود. گفت: ای یاران! من از این بدرقه شما اندیشناکم، نه چندان که از دزدان؛ چنان که حکایت کنند که عربی را درمی چند گرد آمده بود و به شب از تشویش لوریان در خانه تنها خوابش نمی‌برد.

یکی را از دوستان پیش خود آورد تا وحشت تنهایی به دیدار او منصرف کند و شبی چند در صحبت او بود. چندان که بر درمهاش اطلاع یافت، ببرد و بخورد و سفر کرد. بامدادان دیدند عرب را گریان و عریان. گفتند: حال چیست؟ مگر آن درمهای ترا دزد برد؟ گفت: لا والله! بدرقه برد.

هرگز ایمن ز مار ننشستم — که بدانستم آنچه خصلت اوست

زخم دندان دشمنی بتر است — که نماید به چشم مردم دوست

چه دانید اگر این هم از جمله دزدان باشد که به عیّاری در میان ما تعبیه شده است تا به وقت فرصت یاران را خبر کند. مصلحت آن بینم که مر او را خفته بمانیم و برانیم. جوانان را تدبیر پیر استوار آمد و مهابتی از مشت‌زن در دل گرفتند و رخت برداشتند و جوان را خفته بگذاشتند. آن‌گه خبر یافت که آفتابش در کتف تافت. سر برآورد و کاروان رفته دید. بیچاره بسی بگردید و ره به جایی نبرد. تشنه و بینوا روی بر خاک و دل بر هلاک نهاده همی‌گفت:

من ذا یُحَدِّثُنی وَ زُمَّ العیسُ — ما لِلغریبِ سِوىَ الغریبِ اَنیسُ

***

درشتی کند با غریب آن کسی — که نابوده باشد به غربت بسی

مسکین در این سخن بود که پادشه‌پسری به صید از لشکریان دور افتاده بود.

بالای سرش ایستاده همی‌شنید و در هیئتش نگه می‌کرد، صورت ظاهرش پاکیزه و صورت حالش پریشان.

پرسید: از کجایی و بدین جایگه چون افتادی؟ برخی از آنچه بر سر او رفته بود اعادت کرد. ملک‌زاده را بر حال تباه او رحمت آمد، خلعت و نعمت داد و معتمدی با وی فرستاد تا به شهر خویش آمد. پدر به دیدار او شادمانی کرد و بر سلامت حالش شکر گفت. شبانگه زآنچه بر سر او گذشته بود، از حالت کشتی و جور ملّاح و روستایان بر سر چاه و غدر کاروانیان با پدر می‌گفت. پدر گفت: ای پسر! نگفتمت هنگام رفتن که تهی‌دستان را دست دلیری بسته است و پنجهٔ شیری شکسته؟

چه خوش گفت: آن تهی‌دست سلحشور
جوی زر بهتر از پنجاه من زور

پسر گفت: ای پدر! هرآینه تا رنج نبری، گنج برنداری و تا جان در خطر ننهی، بر دشمن ظفر نیابی و تا دانه پریشان نکنی، خرمن برنگیری. نبینی به اندک‌مایه رنجی که بردم، چه تحصیل راحت کردم و به نیشی که خوردم، چه مایه عسل آوردم؟

گرچه بیرون ز رزق نتوان خورد   در طلب کاهلی نشاید کرد

***

غواص اگر اندیشه کند کام نهنگ　　　هرگز نکند دُرّ گران‌مایه به چنگ

آسیاسنگ زیرین متحرک نیست، لاجرم تحمل بار گران همی‌کند.

چه خورد شیر شَرزِه در بُن غار　　　بازِ افتاده را چه قوت بُوَد

تا تو در خانه صید خواهی کرد　　　دست و پایت چو عنکبوت بود

پدر گفت: ای پسر! تو را در این نوبت فلک یاوری کرد و اقبال رهبری که صاحب دولتی در تو رسید و بر تو ببخشایید و کسر حالت را به تفقدی جبر کرد و چنین اتفاق نادر افتد و بر نادر حکم نتوان کرد، زنهار تا بدین طمع، دگرباره گرد ولع نگردی.

صیاد نه هربار شگالی ببرد　　　افتد که یکی روز پلنگش بخورد

چنان که یکی را از ملوک پارس، نگینی گران‌مایه بر انگشتری بود. باری به حکم تفرج با تنی چند خاصان به مصلای شیراز برون رفت. فرمود تا انگشتری را بر گنبد عضد نصب کردند تا هر که تیر از حلقهٔ انگشتری بگذراند، خاتم او را باشد. اتفاقا چهارصد حکمانداز که در خدمت او بودند، جمله خطا کردند، مگر کودکی بر بام رباطی که به بازیچه تیر از هر طرفی می‌انداخت. باد صبا تیر او را به حلقهٔ انگشتری در بگذرانید و خلعت و نعمت یافت و خاتم به وی ارزانی داشتند. پسر تیر و کمان را بسوخت. گفتند: چرا کردی؟ گفت: تا رونق نخستین بر جای ماند.

گـه بـود کـز حکیـم روشـن‌رای	بـرنـیـایـد درسـت تـدبـیـری
گـاه بـاشـد کـه کـودکـی نـادان	بـه غلط بـر هـدف زنـد تـیـری

حکایت

درویشی را شنیدم که به غاری در نشسته بود و در به روی از جهانیان بسته و ملوک و اغنیا را در چشم همّت او شوکت و هیبت نمانده.

هر که بر خود در سؤال گشاد	تـا بـمـیـرد نـیـازمـنـد بـود
آز بـگـذار و پـادشـاهـی کـن	گـردن بی‌طـمـع بـلـنـد بـود

یکی از ملوک آن طرف اشارت کرد که توقع به کرم اخلاق مردان چنین است که به نمک با ما موافقت کنند. شیخ رضا داد، به حکم آن که اجابت دعوت سنت است. دیگر روز ملک به عذر قدومش رفت. عابد از جای برجست و در کنارش گرفت و تلطف کرد و ثنا گفت. چو غایب شد، یکی از اصحاب پرسید شیخ را که چندین ملاطفت امروز با پادشه که تو کردی خلاف عادت بود و دیگر ندیدیم، گفت: نشنیده‌ای که گفته‌اند:

| هـر کـه را بـر سـمـاط بنشستی | واجب آمـد بـه خدمتش برخاست |

***

گوش تواند که همه عمر وی	نشنود آواز دف و چنگ و نی
دیده شکیبد ز تماشای باغ	بی‌گل و نسرین به‌سر آرد دماغ
ور نبُوَد بالش آکنده پر	خواب توان کرد خزف زیر سر
ور نبود دلبر هم‌خوابه پیش	دست توان کرد در آغوش خویش
وین شکم بی‌هنر پیچ‌پیچ	صبر ندارد که بسازد به هیچ

باب چهارم
در فواید خاموشی

حکایت

یکی را از دوستان گفتم: امتناع سخن گفتنم به علت آن اختیار آمده است در غالب اوقات که در سخن نیک و بد اتفاق افتد و دیدهٔ دشمنان جز بر بدی نمی‌آید.
گفت: دشمن آن به که نیکی نبیند.

وَ اَخُو العَداوَةِ لا یَمُرُّ بِصالِحٍ اِلّا وَ یَلمِزُهُ بِکَذّابٍ اَشِر

***

هنر به چشم عداوت بزرگ‌تر عیب است
گل است سعدی و در چشم دشمنان خار است

***

نور گیتی‌فروز چشمهٔ هور زشت باشد به چشم موشک کور

حکایت

بازرگانی را هزار دینار خسارت افتاد. پسر را گفت: نباید که این سخن با کسی در میان نهی. گفت: ای پدر! فرمان تو راست، نگویم، ولکن خواهم مرا بر فایدهٔ این مطلع گردانی که مصلحت در نهان داشتن چیست؟ گفت: تا مصیبت دو نشود؛ یکی نقصان مایه و دیگر شماتت همسایه.

مگوی انده خویش با دشمنان — که لاحول گویند شادی‌کنان

حکایت

جوانی خردمند از فنون فضایل حظّی وافر داشت و طبعی نافر. چندان که در محافل دانشمندان نشستی، زبان سخن ببستی. باری پدرش گفت: ای پسر! تو نیز آنچه دانی بگوی. گفت: ترسم که بپرسند از آنچه ندانم و شرمساری برم.

نشنیدی که صوفی‌ای می‌کوفت — زیر نعلین خویش میخی چند

آستینش گرفت سرهنگی — که بیا نعل بر ستورم بند

حکایت

عالمی معتبر را مناظره افتاد با یکی از ملّاحده لَعنهُم الله عَلی حِدَه و به حجت با او بس نیامد. سپر بینداخت و برگشت. کسی گفتش: تو را با چندین فضل و ادب که داری با بی‌دینی حجت نماند؟ گفت: علم من قرآن است و حدیث و گفتار مشایخ و او بدین‌ها معتقد نیست و نمی‌شنود. مرا شنیدن کفر او به چه کار می‌آید.

آن‌کس که به قرآن و خبر زو نرهی — آن است جوابش که جوابش ندهی

حکایت

جالینوس، ابلهی را دید دست در گریبان دانشمندی زده و بی‌حرمتی همی‌کرد. گفت: اگر این نادان نبودی، کار وی با نادانان بدینجا نرسیدی.

دو عاقل را نباشد کین و پیکار — نه دانایی ستیزد با سبکسار
اگر نادان به وحشت سخت گوید — خردمندش به نرمی دل بجوید
دو صاحب‌دل نگه دارند مویی — همیدون سرکشی و آزرمجویی
و گر بر هر دو جانب جاهلانند — اگر زنجیر باشد بگسلانند
یکی را زشت‌خویی داد دشنام — تحمل کرد و گفت: ای خوب‌فرجام

| بتر زآنم که خواهی گفتن آنی | که دانم عیب من چون من ندانی |

حکایت

سَحبان وائل را در فصاحت بی‌نظیر نهاده‌اند، به حکم آن که بر سر جمع سالی سخن گفتی، لفظی مکرّر نکردی، وگر همان اتفاق افتادی به عبارتی دیگر بگفتی. وز جمله آداب ندمای ملوک یکی این است.

| سخن گرچه دلبند و شیرین بود | سزاوار تصدیق و تحسین بود |
| چو یک بار گفتی مگو بازپس | که حلوا چو یک بار خوردند بس |

حکایت

یکی را از حکما شنیدم که می‌گفت: هرگز کسی به جهل خویش اقرار نکرده است، مگر آن‌کس که چون دیگری در سخن باشد، همچنان ناتمام گفته، سخن آغاز کند.

| سخن را سر است ای خردمند و بن | میاور سخن در میان سخن |
| خداوند تدبیر و فرهنگ و هوش | نگوید سخن تا نبیند خموش |

حکایت

تنی چند از بندگان محمود گفتند حسن میمندی را که سلطان امروز تو را چه گفت: در فلان مصلحت؟ گفت: بر شما هم پوشیده نباشد. گفتند: آنچه با تو گوید، به امثال ما گفتن روا ندارد. گفت: به اعتماد آنکه داند که نگویم، پس چرا همی‌پرسید؟

نه هر سخن که برآید بگوید اهل شناخت
به سِرّ شاه سَرِ خویشتن نشاید باخت

حکایت

در عقد بِیع سرایی متردّد بودم. جهودی گفت: آخر من از کدخدایان این محلّتم. وصف این خانه چنان که هست از من پرس، بخر که هیچ عیبی ندارد. گفتم: به‌جز آن که تو همسایه منی!

خانه‌ای را که چون تو همسایه است — ده درم سیم بدعیار ارزد
لکن امیدوار باید بود — که پس از مرگ تو هزار ارزد

حکایت

یکی از شعرا پیش امیر دزدان رفت و ثنایی بر او بگفت. فرمود تا جامه از او برکنند و از ده به در کنند. مسکین برهنه به سرما همی‌رفت. سگان در قفای وی افتادند. خواست تا سنگی بردارد و سگان را دفع کند، در زمین یخ گرفته بود، عاجز شد. گفت: این چه حرامزاده مردمانند، سگ را گشاده‌اند و سنگ را بسته! امیر از غرفه بدید و بشنید و بخندید. گفت: ای حکیم! از من چیزی بخواه. گفت: جامهٔ خود می‌خواهم، اگر انعام فرمایی. رضینا مِن نوالِکَ بالرَحیلِ.

امیدوار بود آدمی به خیر کسان　　　　مرا به‌خیرتوامیدنیست، شرمرسان

سالار دزدان را بر او رحمت آمد و جامه باز فرمود و قباپوستینی بر او مزید کرد و درمی چند.

حکایت

منجّمی به خانه درآمد. یکی مرد بیگانه را دید با زن او به هم نشسته. دشنام و سقط گفت و فتنه و آشوب خاست. صاحب‌دلی که بر این واقف بود گفت:

تو بر اوج فلک چه دانی چیست　　　　که ندانی که در سرایت کیست

حکایت

خطیبی کریه الصوت خود را خوش‌آواز پنداشتی و فریاد بیهده برداشتی. گفتی نعیب غُرابَ البَین در پردهٔ الحان اوست یا آیت اِنّ انکرَ الاصوات در شأن او.

اذا نَهَقَ الخَطیبُ اَبوالفَوارِس   لَهُ شَغَبٌ یَهُدُّ اصطَخرَ فارِس

مردم قریه به علت جاهی که داشت بلیّتش می‌کشیدند و اذیتش را مصلحت نمی‌دیدند. تا یکی از خطبای آن اقلیم که با او عداوتی نهانی داشت، باری به پرسش آمده بودش. گفت: تو را خوابی دیده‌ام، خیر باد. گفتا: چه دیدی؟ گفت: چنان دیدمی که تو را آواز خوش بود و مردمان از انفاس تو در راحت. خطیب اندر این لختی بیندیشید و گفت: این مبارک خواب است که دیدی که مرا بر عیب خود واقف گردانیدی. معلوم شد که آواز ناخوش دارم و خلق از بلند خواندن من در رنج. توبه کردم کز این پس خطبه نگویم مگر به آهستگی.

از صحبت دوستی برنجم   کاخلاق بدم حسن نماید
عیبم هنر و کمال بیند   خارم گل و یاسمن نماید
کو دشمن شوخ‌چشم ناپاک   تا عیب مرا به من نماید

حکایت

یکی در مسجد سنجار به تطوّع بانگ گفتی به ادایی که مستمعان را از او نفرت بودی و صاحب مسجد امیری بود، عادل نیک‌سیرت، نمی‌خواستش که دل آزرده گردد. گفت: ای جوانمرد! این مسجد را مؤذنانند قدیم. هر یکی را پنج دینار مرتب داشته‌ام. تو را ده دینار می‌دهم تا جایی دیگر روی. بر این قول اتفاق کردند و برفت. پس از مدتی در گذری پیش امیر بازآمد. گفت: ای خداوند! بر من حیف کردی که به ده دینار از آن بقعه به در کردی که اینجا که رفته‌ام، بیست دینارم همی‌دهند تا جای دیگر روم و قبول نمی‌کنم! امیر از خنده بیخود گشت و گفت: زنهار تا نستانی که به پنجاه راضی گردند!

به تیشه کس نخراشد ز روی خارا گل
چنان که بانگ درشت تو می‌خراشد دل

حکایت

ناخوش‌آوازی به بانگ بلند قرآن همی‌خواند. صاحب‌دلی بر او بگذشت. گفت: تو را مشاهره چند است؟ گفت: هیچ. گفت: پس این زحمت خود چندین چرا همی‌دهی؟ گفت: از بهرِ خدا می‌خوانم. گفت: از بهرِ خدا مخوان.

گر تو قرآن بر این نمط خوانی
ببری رونق مسلمانی

باب پنجم
در عشق و جوانی

حکایت

حسن میمندی را گفتند: سلطان محمود چندین بندهٔ صاحب‌جمال دارد که هر یکی بدیع جهانی‌اند. چگونه افتاده است که با هیچ‌یک از ایشان میل و محبتی ندارد، چنان که با ایاز که حُسنی زیادتی ندارد؟ گفت: هرچه به دل فروآید، در دیده نکو نماید.

هر که سلطان مرید او باشد	گر همه بد کند نکو باشد
و آن که را پادشه بیندازد	کَسَش از خیل خانه ننوازد

***

کسی به دیدهٔ انکار اگر نگاه کند	نشان صورت یوسف دهد به ناخوبی
وگر به چشم ارادت نگه کنی در دیو	فرشته‌ایت نماید به چشم، کرّوبی

حکایت

گویند خواجه‌ای را بنده‌ای نادرالحسن بود و با وی به سبیل مودت و دیانت نظری داشت. با یکی از دوستان گفت: دریغ این بنده با حسن و شمایلی که دارد اگر زبان‌درازی و بی‌ادبی نکردی. گفت: ای برادر! چو اقرار دوستی کردی، توقع خدمت مدار که چون عاشق و معشوقی در میان آمد، مالک و مملوکی برخاست.

خواجه با بندهٔ پری‌رخسار	چون درآمد به بازی و خنده
نه عجب کاو چو خواجه حکم کند	واین کشد بار ناز، چون بنده

حکایت

پارسایی را دیدم به محبت شخصی گرفتار؛ نه طاقت صبر و نه یارای گفتار. چندان که ملامت دیدی و غرامت کشیدی، ترک تصابی نگفتی و گفتی:

کوته نکنم ز دامنت دست	ور خود بزنی به تیغ تیزم
بعد از تو ملاذ و ملجایی نیست	هم در تو گریزم ار گریزم

باری ملامتش کردم و گفتم: عقل نفیست را چه شد تا نفس خسیس غالب آمد؟ زمانی به فکرت فرورفت و گفت:

هر کجا سلطان عشق آمد نماند		قوّت بازوی تقوی را محل
پاکدامن چون زیَد بیچاره‌ای		اوفتاده تا گریبان در وحل

حکایت

یکی را دل از دست رفته بود و ترک جان کرده و مطمح نظرش جایی خطرناک و مظنهٔ هلاک. نه لقمه‌ای که مصوّر شدی که به کام آید یا مرغی که به دام افتد.

چو در چشم شاهد نیاید زرت		زر و خاک یکسان نماید برت

باری به نصیحتش گفتند: از این خیال محال تجنّب کن که خلقی هم بدین هوس که تو داری اسیرند و پای در زنجیر. بنالید و گفت:

دوستان گو نصیحتم مکنید		که مرا دیده بر ارادت اوست
جنگجویان به زور پنجه و کتف		دشمنان را کشند و خوبان دوست

شرط مودّت نباشد به اندیشهٔ جان، دل از مهر جانان برگرفتن.

تو که در بند خویشتن باشی		عشقباز دروغزن باشی
گر نشاید به دوست ره بردن		شرط یاری است در طلب مردن

***

گر دست رسد که آستینش گیرم و‌ر نه بروم بر آستانش میرم

متعلّقان را که نظر در کار او بود و شفقت به روزگار او، پندش دادند و بندش نهادند و سودی نکرد.

دردا که طبیب صبر می‌فرماید وین نفس حریص را شکر می‌باید

***

آن شنیدی که شاهدی به نهفت با دل از دست رفته‌ای می‌گفت

تا تو را قدر خویشتن باشد پیش چشمت چه قدر من باشد؟

آورده‌اند که مر آن پادشه‌زاده که مملوح نظر او بود خبر کردند که جوانی بر سر این میدان مداومت می‌نماید، خوش‌طبع و شیرین‌زبان و سخن‌های لطیف می‌گوید و نکته‌های بدیع از او می‌شنوند و چنین معلوم همی‌شود که دل‌آشفته است و شوری در سر دارد. پسر دانست که دل آویختهٔ اوست و این گرد بلا انگیختهٔ او. مرکب به جانب او راند. چون دید که نزدیک او عزم دارد، بگریست و گفت:

آن‌کس که مرا بکشت بازآمد پیش ماناکه دلش بسوخت بر کشتهٔ خویش

چندان که ملاطفت کرد و پرسیدش از کجایی و چه نامی و چه صنعت دانی، در قعر بحر مودت چنان غریق بود که مجال نفس نداشت.

اگر خود هفت سبع از بر بخوانی   چو آشفتی الف ب ت ندانی

گفتا: سخنی با من چرا نگویی که هم از حلقهٔ درویشانم، بلکه حلقه به گوش ایشانم؟ آنگه به قوت استیناس محبوب از میان تلاطم امواج محبت سر برآورد و گفت:

عجب است با وجودت که وجود من بماند
تو به گفتن اندر آیی و مرا سخن بماند

این بگفت و نعره‌ای زد و جان به حق تسلیم کرد.

عجب از کشته نباشد به در خیمه دوست
عجب از زنده که چون جان به‌درآورد سلیم

حکایت

یکی را از متعلّمان کمال بهجتی بود و معلم از آنجا که حس بشریت است با حُسن بَشَره او معاملتی داشت و وقتی که به خلوتش دریافتی گفتی:

نه آنچنان به تو مشغولم ای بهشتی‌روی
که یاد خویشتنم در ضمیر می‌آید

ز دیدنت نتوانم که دیده دربندم
وگر مقابله بینم که تیر می‌آید

باری پسر گفت: آنچنان که در آداب درس من نظری می‌فرمایی، در آداب نفسم نیز تأمل فرمای تا اگر در اخلاق من ناپسندی بینی که مرا آن پسند همی‌نماید، بر

آنم اطلاع فرمایی تا به تبدیل آن سعی کنم. گفت: ای پسر! این سخن از دیگری پرس که آن نظر که مرا با توست جز هنر نمی‌بینم.

چشم بداندیش که برکنده باد | عیب نماید هنرش در نظر
ور هنری داری و هفتاد عیب | دوست نبیند به‌جز آن یک هنر

حکایت

شبی یاد دارم که یاری عزیز از در درآمد. چنان بیخود از جای برجستم که چراغم به آستین کشته شد.

سَری طَیفُ مَن یَجلو بِطَلعَتِهِ الدُّجی | شگفت آمد از بختم که این دولت از کجا

بنشست و عتاب آغاز کرد که مرا در حال بدیدی چراغ بکشتی، به چه معنی؟ گفتم: به دو معنی؛ یکی آن که گمان بردم که آفتاب برآمد و دیگر آنکه این بیتم به خاطر بود:

چون گرانی به پیش شمع آید | خیزش اندر میان جمع بکش
ور شکر خنده‌ای‌ست شیرین‌لب | آستینش بگیر و شمع بکش

حکایت

یکی، دوستی را که زمان‌ها ندیده بود گفت: کجایی که مشتاق بوده‌ام؟ گفت: مشتاقی به که ملولی.

دیر آمدی ای نگار سرمست	زودت ندهیم دامن از دست

معشوقه که دیردیر بینند	آخر کم از آن که سیر بینند

شاهد که با رفیقان آید، به جفا کردن آمده است؛ به حکم آنکه از غیرت و مضادّت خالی نباشد.

اِذا جِئتَنی فی رِفقَةٍ لِتَزورَنی	وَ اِن جِئتَ فی صلحٍ فَأنتَ مُحارِبٍ

***

به یک نفس که برآمیخت یار با اغیار
بسی نماند که غیرت وجود من بکشد

به خنده گفت: که من شمع جمعم ای سعدی
مرا از آن چه که پروانه خویشتن بکشد

حکایت

یاد دارم در ایام پیشین که من و دوستی چون دو بادام مغز در پوستی صحبت داشتیم. ناگاه اتفاق مغیب افتاد. پس از مدتی که بازآمد عتاب آغاز کرد که در این مدت قاصدی نفرستادی. گفتم: دریغ آمدم که دیدهٔ قاصد به جمال تو روشن گردد و من محروم.

یار دیرینه مرا گو به زبان توبه مده — که مرا توبه به شمشیر نخواهد بودن

رشکم آید که کسی سیر نگه در تو کند — بازگویم نه که کس سیر نخواهد بودن

حکایت

دانشمندی را دیدم به کسی مبتلا شده و رازش برملا افتاده. جور فراوان بردی و تحمل بی‌کران کردی. باری به لطافتش گفتم: دانم که تو را در مودت این منظور علتی و بنای محبت بر زلّتی نیست، با وجود چنین معنی لایق قدر علما نباشد، خود را متهم گردانیدن و جور بی‌ادبان بردن. گفت: ای یار! دست عتاب از دامن روزگارم بدار. بارها در این مصلحت که تو بینی اندیشه کردم و صبر بر جفای او سهل‌تر آید همی که صبر از دیدن او و حکما گویند: دل بر مجاهده نهادن آسان‌تر است که چشم از مشاهده برگرفتن.

هر که بی‌او به سر نشاید برد — گر جفایی کند بباید برد

روزی از دست گفتمش زنهار | چند از آن روز گفتم: استغفار
نکند دوست زینهار از دوست | دل نهادم بر آنچه خاطر اوست
گر به لطفم به نزد خود خواند | ور به قهرم براند او داند

حکایت

در عنفوان جوانی چنان که افتد و دانی با شاهدی سری و سرّی داشتم به حکم آن که حلقی داشت طیِّبُ الاَدا وَ خَلقی کالبدرِ اذا بَدا.

آن که نبات عارضش آب حیات می‌خورد
در شکرش نگه کند هر که نبات می‌خورد

اتفاقاً به خلاف طبع از وی حرکتی بدیدم که نپسندیدم. دامن از او درکشیدم و مهره برچیدم و گفتم:

برو هرچه می‌بایدت پیش گیر | سر ما نداری سر خویش گیر

شنیدمش که همی‌رفت و می‌گفت:

شب‌پره گر وصل آفتاب نخواهد | رونق بازار آفتاب نکاهد

این بگفت و سفر کرد و پریشانی او در من اثر.

فَقَدتُ زَمانَ الوَصلِ و المَرءُ جاهِلٌ بِقَدرِ لَذیذِ العَیشِ قَبلَ المَصائِبِ

***

باز آی و مرا بکش که پیشت مردن خوش‌تر که پس از تو زندگانی کردن

اما به شکر و منّت باری پس از مدتی بازآمد، آن حلق داوودی متغیّر شده و جمال یوسفی به زیان آمده و بر سیب زنخدانش چون بِه گردی نشسته و رونق بازار حسنش شکسته، متوقع که در کنارش گیرم. کناره گرفتم و گفتم:

آن روز که خط شاهدت بود صاحب‌نظر از نظر براندی
امروز بیامدی به صلحش کِش فتحه و ضمّه برنشاندی

***

تازه بهارا ورقت زرد شد دیگ منه کآتش ما سرد شد
چند خرامی و تکبر کنی دولت پارینه تصور کنی
پیش کسی رو که طلبکار توست ناز بر آن کن که خریدار توست

***

سبزه در باغ گفته‌اند خوش است داند آن‌کس که این سخن گوید
یعنی از روی نیکوان، خط سبز دل عشاق بیشتر جوید

بوستان تو گندنازاری‌ست   بس که برمی‌کنی و می‌روید

***

گر صبر کنی ور نکنی موی بناگوش
این دولت ایام نکویی به سرآید

گر دست به جان داشتمی همچو تو بر ریش
نگذاشتمی تا به قیامت که برآید

***

سؤال کردم و گفتم: جمال روی تو را
چه شد که مورچه بر گرد ماه جوشیده است

جواب داد ندانم چه بود رویم را
مگر به ماتم حسنم سیاه پوشیده است

حکایت

یکی را پرسیدند از مستعربان بغداد: ما تَقولُ فی المُرْدِ؟ گفت: لا خَیرَ فیهِمْ مادامَ اَحَدُهُمْ لطیفاً یَتَخاشَنُ فاذا خَشُنَ یَتَلاطَفُ؛ یعنی چندان که خوب و لطیف و نازک‌اندام است، درشتی کند و سختی؛ چون سخت و درشت شد، چنان که به کاری نیاید، تلطف کند و درشتی نماند.

امرد آن‌گه که خوب و شیرین است   تلخ گفتار و تندخوی بُوَد

چون به ریش آمد و به لعنت شد   مردم‌آمیز و مهرجوی بود

حکایت

یکی را از علما پرسیدند که یکی با ماهرویی است در خلوت نشسته و درها بسته و رقیبان خفته و نفس طالب و شهوت غالب، چنان که عرب گوید: التَّمرُ یانِعٌ وَ النّاطورُ غَیرُ مانِعٍ. هیچ باشد که به قوت پرهیزگاری از او به سلامت بماند؟ گفت: اگر از مهرویان به سلامت بماند، از بدگویان نماند.

و اِن سَلِمَ الإنسانُ مِن سوءِ نَفسِهِ　　فَمِن سوءَ ظَنِّ المُدَّعی لَیسَ یَسلَمُ

***

شاید پس کار خویشتن بنشستن　　لیکن نتوان زبان مردم بستن

حکایت

طوطی‌ای با زاغ در قفس کردند و از قبح مشاهده او مجاهده می‌برد و می‌گفت: این چه طلعت مکروه است و هیئت ممقوت و منظر ملعون و شمایل ناموزون، یا غُرابَ البَینِ یا لَیتَ بَینی و بَیْنَکَ بُعدَ المَشرِقَینِ.

علی الصباح به روی تو هر که برخیزد　　صباح روز سلامت بر او مسا باشد

بداختری چو تو در صحبت تو بایستی　　ولی چنین که تویی در جهان کجا باشد

عجب آن که غراب از مجاورت طوطی هم به جان آمده بود و ملول شده.

لاحول‌کنان از گردش گیتی همی‌نالید و دست‌های تغابن بر یکدگر همی‌مالید که این چه بخت نگون است و طالع دون و ایام بوقلمون. لایق قدر من آنستی که با زاغی به دیوار باغی بر خرامان همی‌رفتمی.

پارسا را بس این قدر زندان　　　که بود هم‌طویلهٔ رندان

بلی تا چه کردم که روزگارم به عقوبت آن در سِلک صحبت چنین ابلهی خودرایِ ناجنسِ خیره‌درای به چنین بندِ بلا مبتلا گردانیده است؟

کس نیاید به پای دیواری　　　که بر آن صورتت نگار کنند
گر تو را در بهشت باشد جای　　　دیگران دوزخ اختیار کنند

این ضرب‌المثل بدان آوردم تا بدانی که صد چندان که دانا را از نادان نفرت است، نادان را از دانا وحشت است.

زاهدی در سماع رندان بود　　　زآن میان گفت: شاهدی بلخی
گر ملولی ز ما تُرُش منشین　　　که تو هم در میان ما تلخی

***

جمعی چو گل و لاله به هم پیوسته　　　تو هیزم خشک در میانی رسته
چون باد مخالف و چو سرما ناخوش　　　چون برف نشسته‌ای و چون یخ بسته

حکایت

رفیقی داشتم که سال‌ها با هم سفر کرده بودیم و نمک خورده و بی‌کران حقوق صحبت ثابت شده. آخر به سبب نفعی اندک، آزار خاطر من روا داشت و دوستی سپری شد و با این همه از هر دو طرف دلبستگی بود که شنیدم روزی دو بیت از سخنان من در مجمعی همی‌گفتند:

نگار مــن چــو درآیــد بــه خنـدهٔ نمکین
نمک زیــاده کند بــر جــراحـت ریشان

چه بودی ار سر زلفش به دستم افتادی
چو آستین کریمان به دست درویشان

طایفهٔ درویشان بر لطف این سخن نه که بر حسن سیرت خویش آفرین بردند و او هم در این جمله مبالغه کرده بود و بر فوت صحبت قدیم تأسف خورده و به خطای خویش اعتراف نموده. معلوم کردم که از طرف او هم رغبتی هست، این بیت‌ها فرستادم و صلح کردیم:

نه ما را در میان عهد و وفا بود
جفا کـردی و بدعهـدی نمودی

به یک بار از جهان دل در تو بستم
ندانستم که بـرگـردی به زودی

هنوزت گر سر صلح است بازآی
کز آن مقبول‌تر باشی که بودی

حکایت

یکی را زنی صاحب‌جمال جوان درگذشت و مادرزن فرتوت به علت کابین در خانه متمکّن بماند و مرد از محاورت او به جان رنجیدی و از مجاورت او چاره ندیدی تا گروهی آشنایان به پرسیدن آمدندش. یکی گفتا: چگونه‌ای در مفارقت یار عزیز؟ گفت: نادیدن زن بر من چنان دشخوار نیست که دیدن مادرزن.

گل به تاراج رفت و خار بماند	گنج برداشتند و مار بماند
دیده بر تارک سنان دیدن	خوش‌تر از روی دشمنان دیدن
واجب است از هزار دوست برید	تا یکی دشمنت نباید دید

حکایت

یاد دارم که در ایام جوانی گذر داشتم به کویی و نظر با رویی، در تموزی که حرورش دهان بخوشانیدی و سمومش مغز استخوان بجوشانیدی. از ضعف بشریت تاب آفتاب هجیر نیاوردم و التجا به سایهٔ دیواری کردم، مترقب که کسی حر تموز از من به بَرد آبی فرونشاند که همی ناگاه از ظلمت دهلیز خانه‌ای روشنی بتافت، یعنی جمالی که زبان فصاحت از بیان صباحت او عاجز آید، چنان که در شب تاری صبح برآید یا آب حیات از ظلمات به‌درآید، قدحی برفاب بر دست و شکر در آن ریخته و به عرق برآمیخته، ندانم به گلابش مطیّب کرده بود یا

قطره‌ای چند از گل رویش در آن چکیده. فی‌الجمله شراب از دست نگارینش برگرفتم و بخوردم و عمر از سر گرفتم:

ظَمَأٌ بِقَلبی لا یَکادُ یُسیغُهُ رَشفُ الزُّلالِ وَ لَو شَرِبتُ بُحوراً

***

خرّم آن فرخنده‌طالع را که چشم بر چنین روی اوفتد هر بامداد

مست می بیدار گردد نیمشب مست ساقی روز محشر بامداد

حکایت

سالی محمد خوارزمشاه رحمة الله علیه با خَتا برای مصلحتی صلح اختیار کرد. به جامع کاشغر درآمدم، پسری دیدم نحوی به غایت اعتدال و نهایت جمال چنان که در امثال او گویند:

معلمت همه شوخی و دلبری آموخت
جفا و ناز و عتاب و ستمگری آموخت

من آدمی به چنین شکل و خوی و قد و روش
ندیده‌ام، مگر این شیوه از پری آموخت

مقدمهٔ نحو زمخشری در دست داشت و همی‌خواند: ضرب زیدٌ عمرواً و کان المتعدیّ عمرواً. گفتم: ای پسر، خوارزم و ختا صلح کردند و زید و عمرو

را همچنان خصومت باقی است؟ بخندید و مولِدم پرسید، گفتم: خاک شیراز.
گفت: از سخنان سعدی چه داری؟ گفتم:

بُلیتُ بِنَحویٍّ یَصولُ مُغاضِباً
عَلَیَّ کَزَیدٍ فی مُقابَلَةِ العَمرو

علی جَرِّ ذَیلٍ لَیسَ یَرفَعُ رَأسَهُ
وَ هَل یَستَقیمُ الَّرفعُ مِن عامِلِ الجَرِّ

لختی به اندیشه فرورفت و گفت: غالب اشعار او در این زمین به زبان پارسی است، اگر بگویی به فهم نزدیک‌تر باشد. کَلِّمِ الناسَ عَلی قَدرِ عُقولِهِم. گفتم:

طبع تو را تا هوس نحو کرد   صورت صبر از دل ما محو کرد

ای دل عشّاق به دام تو صید   ما به تو مشغول و تو با عمرو و زید

بامدادان که عزم سفر مصمم شد، گفته بودندش که فلان سعدی است. دوان آمد و تلطف کرد و تأسف خورد که چندین مدت، چرا نگفتی منم تا شکر قدوم بزرگان را میان به خدمت ببستمی. گفتم:

با وجودت ز من آواز نیاید که منم

گفتا: چه شود گر در این خطه چندی برآسایی تا به خدمت مستفید گردیم. گفتم: نتوانم به حکم این حکایت:

بزرگی دیدم اندر کوهساری   قناعت کرده از دنیا به غاری

چرا گفتم به شهر اندر نیایی	که باری بندی از دل برگشایی
بگفت آنجا پری‌رویان نغزند	چو گِل بسیار شد پیلان بلغزند

این بگفتم و بوسه بر سر و روی یکدیگر دادیم و وداع کردیم.

بوسه دادن به روی دوست چه سود	هم در این لحظه کردنش بدرود
سیب گویی وداع بستان کرد	روی از این نیمه سرخ و زآن سو زرد

***

اِن لَم اَمُت یَومَ الوَداعِ تَأَسُّفاً	لا تَحسَبونی فی المَوَدَّةِ مُنصِفاً

حکایت

خرقه‌پوشی در کاروان حجاز همراه ما بود، یکی از امرای عرب مر او را صد دینار بخشیده تا قربان کند. دزدان خفاجه ناگاه بر کاروان زدند و پاک ببردند. بازرگانان گریه و زاری کردن گرفتند و فریاد بی‌فایده خواندن.

گر تضرع کنی و گر فریاد	دزد زر بازپس نخواهد داد

مگر آن درویش صالح که بر قرار خویش مانده بود و تغیر در او نیامده. گفتم: مگر معلوم تو را دزد نبرد؟ گفت: بلی بردند، ولیکن مرا با آن الفتی چنان نبود که به وقت مفارقت خسته‌دلی باشد.

نباید بستن اندر چیز و کس دل		که دل برداشتن کاری‌ست مشکل

گفتم: مناسب حال من است این چه گفتی که مرا در عهد جوانی با جوانی اتفاق مخالطت بود و صدق مودّت تا به جایی که قبلهٔ چشمم جمال او بودی و سود سرمایهٔ عمرم وصال او.

مگر ملائکه بر آسمان، وگرنه بشر		به حسن صورت او در زمی نخواهد بود

به‌دوستی که حرام است بعد از او صحبت		که هیچ نطفه چون او آدمی نخواهد بود

ناگهی پای وجودش به گل اجل فرورفت و دود فراق از دودمانش برآمد. روزها بر سر خاکش مجاورت کردم، وز جمله که بر فراق او گفتم:

کاش کآن روز که در پای تو شد خار اجل
دست گیتی بزدی تیغ هلاکم بر سر
تا در این روز، جهان بی‌تو ندیدی چشمم
این منم بر سر خاک تو که خاکم بر سر

***

آن که قرارش نگرفتی و خواب		تا گل و نسرین نفشاندی نخست
گردش گیتی گل رویش بریخت		خاربنان بر سر خاکش برست

بعد از مفارقت او عزم کردم و نیّت جزم که بقیّت زندگانی فرش هوس درنوردم و گرد مجالست نگردم.

سود دریا نیک بودی گر نبودی بیم موج
صحبت گل خوش بُدی گر نیستی تشویش خار
دوش چون طاووس می‌نازیدم اندر باغ وصل
دیگر امروز از فراق یار می‌پیچم چو مار

حکایت

یکی را از ملوک عرب حدیث مجنون لیلی و شورش حال او بگفتند که با کمال فضل و بلاغت سر در بیابان نهاده است و زمام عقل از دست داده. بفرمودش تا حاضر آوردند و ملامت کردن گرفت که در شرف نفس انسان چه خلل دیدی که خوی بهایم گرفتی و ترک عشرت مردم گفتی؟ گفت:

وَ رُبَّ صَدیقٍ لامَنی فی وِدادِها
اَلَم یَرَها یَوماً فَیوضِحَ لی عُذری

***

کاش کآنان که عیب من جستند   رویت ای دلستان بدیدندی
تا به جای ترنج در نظرت   بی‌خبر دست‌ها بریدندی

تا حقیقت معنی بر صورت دعوی گواه آمدی. فَذلِکَ الَّذی لُمتُنَّنی فیه. ملک را در دل آمد جمال لیلی مطالعه کردن تا چه صورت است موجب چندین فتنه.

بفرمودش طلب کردن. در احیای عرب بگردیدند و به دست آوردند و پیش ملک در صحن سَراچه بداشتند. ملک در هیأت او نظر کرد. شخصی دید سیه‌فام باریک‌اندام. در نظرش حقیر آمد، به حکم آن که کمترین خدّام حرم او به جمال از او در پیش بودند و به زینت بیش. مجنون به فراست دریافت، گفت: از دریچهٔ چشم مجنون باید در جمال لیلی نظر کردن تا سِرّ مشاهدهٔ او بر تو تجلی کند.

ما مَرَّ مِن ذِکرِ الحِمی بِمَسمَعی — لَو سَمِعَت وُرقُ الحِمی صاحَت مَعی
یا مَعشَرَ الخُلّانِ قولوا لِلمُعا — فی لَستَ تَدری ما بِقَلبِ الموجَعِ

***

تندرستان را نباشد درد ریش — جز به همدردی نگویم درد خویش
گفتن از زنبور بی‌حاصل بود — با یکی در عمر خود ناخورده نیش
تا تو را حالی نباشد همچو ما — حال ما باشد تو را افسانه پیش
سوز من با دیگری نسبت مکن — او نمک بر دست و من بر عضو ریش

حکایت

قاضی همدان را حکایت کنند که با نعل‌بند پسری سر خوش بود و نعل دلش در آتش. روزگاری در طلبش متلهف بود و پویان و مترصد و جویان و برحسب واقعه گویان:

در چشم من آمد آن سهی سرو بلند
بربود دلم ز دست و در پای فکند

این دیدهٔ شوخ می‌کشد دل به کمند
خواهی که به‌کس دل ندهی دیده ببند

شنیدم که در گذری پیش قاضی آمد، برخی از این معامله به سمعش رسیده و زایدالوصف رنجیده. دشنام بی‌تحاشی داد و سقط گفت و سنگ برداشت و هیچ از بی‌حرمتی نگذاشت. قاضی یکی را گفت از علمای معتبر که هم‌عنان او بود:

آن شاهدی و خشم گرفتن بینش
و آن عقده بر ابروی تُرُش‌شیرینش

در بلاد عرب گویند ضَربُ الحَبیبِ زَبیبٌ.

از دست تو مشت بر دهان خوردن
خوش‌تر که به دست خویش نان خوردن

همانا کز وقاحت او بوی سماحت همی‌آید.

انگور نوآورده تُرُش‌طعم بود
روزی دو سه صبر کن که شیرین گردد

این بگفت و به مسند قضا بازآمد. تنی چند از بزرگان عدول در مجلس حکم او بودندی. زمین خدمت ببوسیدند که به اجازت سخنی بگوییم، اگرچه ترک ادب است و بزرگان گفته‌اند:

نه در هر سخن بحث کردن رواست
خطا بر بزرگان گرفتن خطاست

الا به حکم آن که سوابق انعام خداوندی ملازم روزگار بندگان است، مصلحتی که بینند و اعلام نکنند، نوعی از خیانت باشد. طریق صواب آن است که با این پسر گرد طمع نگردی و فرش وَلَع درنوردی که منصب قضا پایگاهی منیع است تا به گناهی شنیع مُلَوَّث نگردانی و حریف این است که دیدی و حدیث این که شنیدی.

یکی کرده بی‌آبرویی بسی چه غم دارد از آبروی کسی

بسا نام نیکویِ پنجاه سال که یک نام زشتش کند پایمال

قاضی را نصیحت یاران یکدل پسند آمد و بر حُسن رای قوم آفرین خواند و گفت: نظر عزیزان در مصلحت حال من عین صواب است و مسئله بی‌جواب ولیکن،

ملامت کن مرا چندان که خواهی که نتوان شستن از زنگی سیاهی

***

از یاد تو غافل نتوان کرد به هیچم سرکوفته مارم نتوانم که نپیچم

این بگفت و کسان را به تفحّص حال وی برانگیخت و نعمت بی‌کران بریخت و گفته‌اند: هر که را زر در ترازوست، زور در بازوست و آن که بر دینار دسترس ندارد، در همه دنیا کس ندارد.

هر که زر دید سر فروآورد ور ترازوی آهنین‌دوش است

فی‌الجمله شبی خلوتی میسّر شد و هم در آن شب شحنه را خبر شد. قاضی همه

شب شراب در سر و شباب در بر. از تنعّم نخفتی و به ترنّم گفتی:

امشب مگر به وقت نمی‌خواند این خروس
عشّاق بس نکرده هنوز از کنار و بوس

یک دم که دوست فتنهٔ خفته است زینهار
بیدار باش تا نرود عمر بر فسوس

تا نشنوی ز مسجد آدینه بانگ صبح
یا از در سرای اتابک غریو کوس

لب بر لبی چو چشم خروس، ابلهی بود
برداشتن به گفتن بیهودهٔ خروس

قاضی در این حالت که یکی از متعلّقان درآمد و گفت: چه نشستی؟ خیز و تا پای داری گریز که حسودان بر تو دقّی گرفته‌اند؛ بلکه حقّی گفته تا مگر آتش فتنه که هنوز اندک است، به آب تدبیری فرونشانیم. مبادا که فردا چو بالا گیرد، عالمی فراگیرد. قاضی متبسّم در او نظر کرد و گفت:

پنجه در صید برده ضیغم را   چه تفاوت کند که سگ لاید

روی در روی دوست کن بگذار   تا عدو پشت دست می‌خاید

ملک را هم در آن شب آگهی دادند که در ملک تو چنین منکری حادث شده است؛ چه فرمایی؟ ملک گفتا: من او را از فضلای عصر می‌دانم و یگانه روزگار، باشد که معاندان در حق وی خوضی کرده‌اند. این سخن در سمع قبول من

نیاید، مگر آن‌گه که معاینه گردد که حکما گفته‌اند:

به تندی سبک دست بردن به تیغ
به دندان برد پشت دست دریغ

شنیدم که سحرگاهی با تنی چند خاصان به بالین قاضی فرازآمد. شمع را دید ایستاده و شاهد نشسته و می ریخته و قدح شکسته و قاضی در خواب مستی، بی‌خبر از ملک هستی.

به لطف، اندک‌اندک بیدار کردش که خیز، آفتاب برآمد. قاضی دریافت که حال چیست. گفتا: از کدام جانب برآمد؟ گفت: از قبل مشرق. گفت: الحمدلله که در توبه همچنان باز است به حکم حدیث که لایُغلَقُ علی العبادِ حتی تَطلَعَ الشمسُ مِن مَغربِها، استَغْفِرُکَ اللّهُمّ و اَتوبُ الیکَ.

این دو چیزم بر گناه انگیختند — بخت نافرجام و عقل ناتمام
گر گرفتارم کنی مستوجبم — ور ببخشی عفو بهتر کانتقام

ملک گفتا: توبه در این حالت که بر هلاک اطلاع یافتی، سودی نکند. فَلَم یَکُ یَنفَعُهُم ایمانُهُم لَمّا رَأَوا بَأسَنا.

چه سود از دزدی آن‌گه توبه کردن — که نتوانی کمند انداخت بر کاخ
بلند از میوه گو کوتاه کن دست — که کوته خود ندارد دست بر شاخ

تو را با وجود چنین منکَری که ظاهر شد، سبیل خلاص صورت نبندد. این بگفت و موکّلان در وی آویختند. گفتا که مرا در خدمت سلطان یکی سخن باقی است. ملک بشنید و گفت: این چیست؟ گفت:

به آستین ملالی که بر من افشانی
طمع مدار که از دامنت بدارم دست

اگر خلاص محال است از این گنه که مراست
بدان کرم که تو داری، امیدواری هست

ملک گفت: این لطیفه بدیع آوردی و این نکته غریب گفتی، ولیکن محال عقل است و خلاف شرع که تو را فضل و بلاغت، امروز از چنگ عقوبت من رهایی دهد. مصلحت آن بینم که تو را از قلعه به زیر اندازم تا دیگران نصیحت پذیرند و عبرت گیرند. گفت: ای خداوند جهان، پروردهٔ نعمت این خاندانم و این گناه نه تنها من کرده‌ام، دیگری را بینداز تا من عبرت گیرم. ملک را خنده گرفت و به عفو از خطای او درگذشت و متعنّدان را که اشارت به کشتن او همی‌کردند، گفت:

هر که حمّال عیب خویشتنید　　　طعنه بر عیب دیگران مزنید

حکایت

جوانی پاکباز پاکرو بود — که با پاکیزه‌رویی در گرو بود
چنین خواندم که در دریای اعظم — به گردابی درافتادند با هم
چو ملّاح آمدش تا دست گیرد — مبادا کاندر آن حالت بمیرد
همی‌گفت از میان موج و تشویر — مرا بگذار و دست یار من گیر
در این گفتن جهان بر وی برآشفت — شنیدندش که جان می‌داد و می‌گفت
حدیث عشق از آن بطال منیوش — که در سختی کند یاری فراموش
چنین کردند یاران زندگانی — ز کار افتاده بشنو تا بدانی
که سعدی راه و رسم عشق‌بازی — چنان داند که در بغداد تازی
دلارامی که داری دل در او بند — دگر چشم از همه عالم فروبند
اگر مجنون لیلی زنده گشتی — حدیث عشق از این دفتر نبشتی

باب ششم
در ضعف و پیری

حکایت

با طایفه دانشمندان در جامع دمشق بحثی همی‌کردم که جوانی درآمد و گفت: در این میان کسی هست که زبان پارسی بداند؟ غالب اشارت به من کردند. گفتمش: خیر است! گفت: پیری صدوپنجاه ساله در حالت نزع است و به زبان عجم چیزی همی‌گوید و مفهوم ما نمی‌گردد. گر به کرم رنجه شوی مزد یابی، باشد که وصیتی همی‌کند. چون به بالینش فراز شدم، این می‌گفت:

دمی چند گفتم بر آرم به کام   دریغا که بگرفت راه نفس
دریغا که بر خوان اَلوان عمر   دمی خورده بودیم و گفتند بس

معانی این سخن را به عربی با شامیان همی‌گفتم و تعجب همی‌کردند، از عمر دراز و تأسف او همچنان بر حیات دنیا. گفتم: چگونه‌ای در این حالت؟ گفت: چه گویم؟

ندیده‌ای که چه سختی همی‌رسد به کسی
که از دهانش به در می‌کنند دندانی

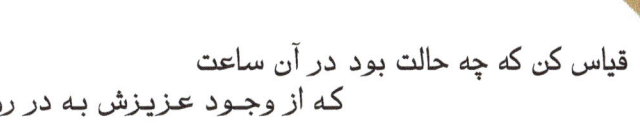

قیاس کن که چه حالت بود در آن ساعت
که از وجود عزیزش به در رود جانی

گفتم: تصور مرگ از خیال خود به در کن و وهم را بر طبیعت مستولی مگردان که فیلسوفان یونان گفته‌اند: مزاج ارچه مستقیم بود، اعتماد بقا را نشاید و مرض گرچه هایل، دلالت کلی بر هلاک نکند. اگر فرمایی طبیبی را بخوانم تا معالجت کند. دیده برکرد و بخندید و گفت:

دست بر هم زند طبیب ظریف — چون خرف بیند اوفتاده حریف
خواجه در بند نقش ایوان است — خانه از پای‌بند ویران است
پیرمردی ز نزع می‌نالید — پیرزن صندلش همی‌مالید
چون مخبط شد اعتدال مزاج — نه عزیمت اثر کند نه علاج

حکایت

پیرمردی حکایت کند که دختری خواسته بود و حُجره به گل آراسته و به خلوت با او نشسته و دیده و دل در او بسته و شب‌های دراز نخفتی و بذله‌ها و لطیفه‌ها گفتی، باشد که مؤانست پذیرد و وحشت نگیرد. از جمله می‌گفت: بخت بلندت یار بود و چشم بختت بیدار که به صحبت پیری افتادی پختهٔ پروردهٔ جهان‌دیدهٔ آرمیدهٔ گرم و سرد چشیدهٔ نیک و بد آزموده که حق صحبت بداند و شرط

مودت به جای آورد. مشفق و مهربان، خوش‌طبع و شیرین‌زبان.

تا توانم دلت به دست آرم ور بیازاری‌ام، نیازارم

ور چو طوطی شکر بود خورشت جان شیرین فدای پرورشت

نه گرفتار آمدی به دست جوانی مُعجَب خیره‌رای سرتیز سبک‌پای که هر دم هوسی پزد و هر لحظه رایی زند و هر شب جایی خسبد و هر روز یاری گیرد.

وفاداری مدار از بلبلان چشم که هر دم بر گلی دیگر سرایند

خلاف پیران که به عقل و ادب زندگانی کنند، نه به مقتضای جهل جوانی.

ز خود بهتری جوی و فرصت شمار که با چون خودی گم کنی روزگار

گفت: چندین بر این نمط بگفتم که گمان بردم که دلش بر قید من آمد و صید من شد. ناگه نفسی سرد از سر درد برآورد و گفت: چندین سخن که بگفتی در ترازوی عقل من وزن آن سخن ندارد که وقتی شنیدم از قابلهٔ خویش که گفت: زن جوان را اگر تیری در پهلو نشیند به که پیری.

لمّا رَأَت بَینَ یَدَی بَعلِها شَیئاً کَأَرخی شَفَةِ الصّائِمِ

تَقولُ هذا مَعَهُ مَیّتٌ وَ إنّما الرُّقیَةُ لِلنّائِمِ

***

زن کز برِ مرد بی‌رضا برخیزد بس فتنه و جنگ از آن سرا برخیزد
پیری که ز جای خویش نتواند خاست الا به عصا، کی‌اش عصا برخیزد

فی‌الجمله امکان موافقت نبود و به مفارقت انجامید. چون مدت عدّت برآمد، عقد نکاحش بستند با جوانی تند و ترش‌روی تهی‌دست بدخوی. جور و جفا می‌دید و رنج و عنا می‌کشید و شکر نعمت حق همچنان می‌گفت که الحمدلله که از آن عذاب الیم برهیدم و بدین نعیم مقیم برسیدم.

با این همه جور و تندخویی بارت بکشم که خوب‌رویی

***

با تو مرا سوختن اندر عذاب به که شدن با دگری در بهشت
بوی پیاز از دهن خوب‌روی نغزتر آید که گل از دست زشت

حکایت

مهمان پیری شدم در دیاربکر که مال فراوان داشت و فرزندی خوب‌روی. شبی حکایت کرد: مرا به عمر خویش به‌جز این فرزند نبوده است. درختی در این وادی زیارتگاه است که مردمان به حاجت خواستن آنجا روند. شب‌های دراز در پای آن درخت بر حق بنالیده‌ام تا مرا این فرزند بخشیده است. شنیدم که پسر با

رفیقان آهسته همی‌گفت: چه بودی گر من آن درخت بدانستمی کجاست تا دعا کردمی و پدر بمردی.

خواجه شادی‌کنان که پسرم عاقل است و پسر طعنه‌زنان که پدرم فرتوت.

سال‌ها بـر تـو بـگـذرد کـه گـذار   نـکـنـی سـوی تـربـت پـدرت

تو به جای پدر چه کـردی خیـر؟   تا همان چشم داری از پسرت

حکایت

روزی به غرور جوانی سخت رانده بودم و شبانگاه به پای گریوه‌ای سست مانده. پیرمردی ضعیف از پس کاروان همی‌آمد و گفت: چه نشینی که نه جای خفتن است؟ گفتم: چون روم که نه پای رفتن است؟! گفت: این نشنیدی که صاحب‌دلان گفته‌اند: رفتن و نشستن، به که دویدن و گسستن.

ای کـه مـشـتـاق مـنـزلـی مشتاب   پند مـن کـار بـند و صـبر آمـوز

اسب تازی دو تگ رود به شتاب   و اشتر آهسته می‌رود شب و روز

حکایت

جوانی چُست لطیف خندان شیرین‌زبان در حلقهٔ عشرت ما بود که در دلش از هیچ نوعی غم نیامدی و لب از خنده فراهم. روزگاری برآمد که اتفاق ملاقات نیوفتاد. بعد از آن دیدمش زن خواسته و فرزندان خاسته و بیخ نشاطش بریده و گل هوس پژمریده. پرسیدمش: چگونه‌ای و چه حالت است؟ گفت: تا کودکان بیاوردم، دگر کودکی نکردم.

ما ذَا الصِّبی و الشَّیبُ غَیَّرَ لِمَّتی	وَ کَفی بِتَغییرِ الزَّمانِ نَذیراً

***

چون پیر شدی ز کودکی دست بدار	بازی و ظرافت به جوانان بگذار

***

طرب نوجوان ز پیر مجوی	که دگر ناید آب رفته به جوی
زرع را چون رسید وقت درو	نخرامد چنان که سبزهٔ نو

***

دور جوانی بشد از دست من	آه و دریغ آن زَمَن دل‌فروز
قوّت سرپنجهٔ شیری گذشت	راضی‌ام اکنون به پنیری چو یوز
پیرزنی موی سیه کرده بود	گفتم ای مامک دیرینه‌روز

موی به تلبیس سیه کرده گیر   راست نخواهد شدن این پشت کوز

حکایت

وقتی به چهل جوانی بانگ بر مادر زدم. دل‌آزرده به کنجی نشست و گریان همی‌گفت: مگر خُردی فراموش کردی که درشتی می‌کنی؟

چه خوش گفت زالی به فرزند خویش
چو دیدش پلنگ‌افکن و پیل‌تن
گر از عهد خردیت یاد آمدی
که بیچاره بودی در آغوش من
نکردی در این روز بر من جفا
که تو شیرمردی و من پیرزن

حکایت

توانگری بخیل را پسری رنجور بود. نیکخواهان گفتندش: مصلحت آن است که ختم قرآنی کنی ازبهرِ وی یا بذل قربانی. لختی به اندیشه فرورفت و گفت: مصحف مهجور اولی‌تر است که گله دور. صاحب‌دلی بشنید و گفت: ختمش به علت آن اختیار آمد که قرآن بر سر زبان است و زر در میان جان.

دریغا گردن طاعت نهادن   گرش همراه بودی دست دادن

به دیناری چو خر در گل بمانند　　ور الحمدی بخواهی صد بخوانند

حکایت

پیرمردی را گفتند: چرا زن نکنی؟ گفت: با پیرزنانم عیشی نباشد. گفتند: جوانی بخواه چو مُکنت داری. گفت: مرا که پیرم با پیرزنان الفت نیست، پس او را که جوان باشد با من که پیرم چه دوستی صورت بندد؟

پـرِ هَـفـطـاثَـلـه جـونـی مـی‌کـنـد　　عشغ مقری ثخی و بونی چش روشت

زور بـایـد نـه زر کـه بـانـو را　　گزری دوست‌تر که ده من گوشت

حکایت

شـنـیـده‌ام کـه در ایـن روزهـا کهن‌پیری
خیال بست به پیرانه‌سر که گیرد جفت

بخواست دخترکی خـوب‌روی گوهر نام
چو دُرج گوهرش از چشم مردمان بنهفت

چنان که رسم عروسی بود تماشا بود
ولـی بـه حملهٔ اوّل عصای شیخ بخفت

کمان کشید و نزد بر هدف که نتوان دوخت
مـگـر بـه خـامـهٔ فـولاد، جـامـهٔ هنگفت

به دوستان گله آغاز کرد و حجت ساخت
که خان‌ومان من این شوخ‌دیده پاک بِرُفت

میان شوهر و زن جنگ و فتنه خاست چنان
که سر به شحنه و قاضی کشید و سعدی گفت

پس از خلافت و شُنعت گناه دختر نیست
تو را که دست بلرزد گُهَر چه دانی سُفت

باب هفتم
در تأثیر تربیت

حکایت

یکی را از وزرا پسری کودن بود. پیش یکی از دانشمندان فرستاد که مر این را تربیتی می‌کن مگر که عاقل شود. روزگاری تعلیم کردش و مؤثر نبود. پیش پدرش کس فرستاد که این عاقل نمی‌باشد و مرا دیوانه کرد.

چون بُوَد اصل گوهری قابل	تربیت را در او اثر باشد
هیچ صیقل نکو نداند کرد	آهنی را که بدگهر باشد
سگ به دریای هفتگانه بشوی	که چو تر شد، پلیدتر باشد
خر عیسی گرش به مکه برند	چون بیاید هنوز خر باشد

حکایت

حکیمی پسران را پند همی‌داد که جانان پدر هنر آموزید که ملک و دولت دنیا اعتماد را نشاید و سیم و زر در سفر بر محل خطر است یا دزد به یکبار ببرد یا خواجه به تفاریق بخورد. اما هنر چشمهٔ زاینده است و دولت پاینده وگر هنرمند

از دولت بیفتد، غم نباشد که هنر در نفس خود دولت است، هرجا که رَوَد قدر بیند و در صدر نشیند و بی‌هنر، لقمه چیند و سختی بیند.

سخت است پس از جاه تحکم بردن   خو کرده به ناز جور مردم بردن

***

وقتی افتاد فتنه‌ای در شام   هر کس از گوشه‌ای فرارفتند
روستازادگان دانشمند   به وزیری پادشا رفتند
پسران وزیر ناقص‌عقل   به گدایی به روستا رفتند

حکایت

یکی از فضلا تعلیم ملک‌زاده‌ای همی‌داد و ضرب بی‌محابا زدی و زجر بی‌قیاس کردی. باری پسر از بی‌طاقتی شکایت پیش پدر برد و جامه از تن دردمند برداشت. پدر را دل به هم برآمد. استاد را گفت که پسران آحاد رعیّت را چندین جفا و توبیخ روا نمی‌داری که فرزند مرا، سبب چیست؟ گفت: سبب آن که سخن اندیشیده باید گفت و حرکت پسندیده کردن همه خلق را علی‌العموم و پادشاهان را علی‌الخصوص، به موجب آنکه بر دست و زبان ایشان هرچه رفته شود، هرآینه به افواه بگویند و قول و فعل عوام‌الناس را چندان اعتباری نباشد.

اگر صد ناپسند آید ز درویش ‌ ‌ ‌ ‌ ‌ ‌ رفیقانش یکی از صد ندانند

وگر یک بذله گوید پادشاهی ‌ ‌ ‌ ‌ ‌ ‌ از اقلیمی به اقلیمی رسانند

پس واجب آمد، معلم پادشه‌زاده را در تهذیب اخلاق خداوندزادگان أنبَتَهم اللهُ نباتاً حسناً اجتهاد از آن بیش کردن که در حقّ عوام.

هر که در خردی‌اش ادب نکنند ‌ ‌ ‌ ‌ ‌ ‌ در بزرگی فلاح از او برخاست

چوب تر را چنان که خواهی پیچ ‌ ‌ ‌ ‌ ‌ ‌ نشود خشک جز به آتش راست

ملک را حسن تدبیر فقیه و تقریر جواب او موافق رای آمد. خلعت و نعمت بخشید و پایهٔ منصب بلند گردانید.

حکایت

معلم کُتّابی دیدم در دیار مغرب ترش‌روی تلخ‌گفتار بدخوی مردم‌آزار گداطبع ناپرهیزگار که عیش مسلمانان به دیدن او تبه گشتی و خواندن قرآنش دل مردم سیه کردی. جمعی پسران پاکیزه و دختران دوشیزه به دست جفای او گرفتار، نه زهرهٔ خنده و نه یارای گفتار. گه عارض سیمین یکی را تپنچه زدی و گه ساق بلورین دیگری شکنجه کردی. القصه شنیدم که طرفی از خباثت نفس او معلوم کردند و بزدند و براندند و مکتب او را به مصلحی دادند، پارسای سلیم نیک‌مرد حلیم که سخن جز به حکم ضرورت نگفتی و موجب آزار کس بر زبانش نرفتی.

کودکان را هیبت استاد نخستین از سر برفت و معلم دومین را اخلاق ملکی دیدند و یک‌یک دیو شدند. به اعتماد حلم او ترک علم دادند. اغلب اوقات به بازیچه فراهم نشستندی و لوح درست ناکرده در سر هم شکستندی.

استاد معلم چو بود بی‌آزار   خرسک بازند کودکان در بازار

بعد از دو هفته بر آن مسجد گذر کردم، معلم اولین را دیدم که دل، خوش کرده بودند و به جای خویش آورده. انصاف برنجیدم و لاحول گفتم که ابلیس را معلم ملائکه دیگر چرا کردند. پیرمردی ظریف جهان‌دیده گفت:

پادشاهی پسر به مکتب داد   لوح سیمینش بر کنار نهاد

بر سر لوح او نبشته به زر   جور استاد به ز مهر پدر

حکایت

پارسازاده ای را نعمت بی‌کران از تَرَکهٔ عَمّان به دست افتاد. فسق و فجور آغاز کرد و مبذّری پیشه گرفت. فی‌الجمله نماند از سایر معاصی، مُنکَری که نکرد و مُسکِری که نخورد. باری به نصیحتش گفتم: ای فرزند! دخل آب روان است و عیش آسیای گردان، یعنی خرج فراوان کردن مسلّم کسی را باشد که دخل معین دارد.

چو دخلت نیست خرج آهسته‌تر کن   که می‌گویند ملّاحان سرودی

اگر باران به کوهستان نبارد		به سالی دجله گردد خشک‌رودی

عقل و ادب پیش گیر و لهو و لعب بگذار که چون نعمت سپری شود، سختی بری و پشیمانی خوری. پسر از لذّت نای و نوش، این سخن در گوش نیاورد و بر قول من اعتراض کرد و گفت: راحت عاجل به تشویش محنت آجل منغص کردن، خلاف رای خردمند است.

خداوندان کام و نیک‌بختی		چرا سختی خورند از بیم سختی

***

برو شادی کن ای یار دل‌افروز		غم فردا نشاید خورد امروز

فکیف مرا که در صدر مروّت نشسته باشم و عقد فتوّت بسته و ذکر انعام در افواه عوام افتاده.

هر که عَلَم شد به سخا و کرم		بند نشاید که نهد بر دِرَم
نام نکویی چو برون شد به کوی		در نتوانی که ببندی به روی

دیدم که نصیحت نمی‌پذیرد و دم گرم من در آهن سرد او اثر نمی‌کند. ترک مناصحت گرفتم و روی از مصاحبت بگردانیدم و قول حکما کار بستم که گفته‌اند: بلّغ ما عَلیکَ فاِن لَم یَقبلوا ما عَلیکَ

گرچه دانی که نشنوند بگوی		هرچه دانی ز نیکخواهی و پند

زود بــاشـد کـه خـیـره‌سـر بـیـنـی به دو پــای اوفـتـاده انــدر بند
دست بر دست می‌زند که دریغ نشـنـیدم حـدیـث دانـشـمـند

تا پس از مدتی آنچه اندیشهٔ من بود از نکبت حالش به صورت بدیدم که پاره‌پاره به هم برمی‌دوخت و لقمه‌لقمه همی‌اندوخت. دلم از ضعف حالش به هم برآمد و مروّت ندیدم در چنان حالی ریش درویش به ملامت خراشیدن و نمک پاشیدن. پس با دل خود گفتم:

حریف سفله در پایان مستی نیندیشـد ز روز تنگ‌دستی
درخـت انـدر بـهـاران بـر فشاند زمـسـتـان لاجرم بی‌بـرگ ماند

حکایت

پادشاهی پسری را به ادیبی داد و گفت: این فرزند توست، تربیتش همچنان کن که یکی از فرزندان خویش. ادیب خدمت کرد و متقبّل شد و سالی چند بر او سعی کرد و به جایی نرسید و پسران ادیب در فضل و بلاغت منتهی شدند. ملک دانشمند را مؤاخذت کرد و معاتبت فرمود که وعدهٔ خلاف کردی و وفا به جا نیاوردی. گفت: بر رای خداوند روی زمین پوشیده نماند که تربیت یکسان است و طِباع مختلف.

گرچه سیم و زر ز سنگ آید همی در همه سنگی نباشد زرّ و سیم

بـر همـه عـالـم همـی‌تـابـد سهیل	جـایـی انـبـان مـی‌کـنـد جـایـی ادیـم

حکایت

یکی را شنیدم از پیران مربی که مریدی را همی‌گفت: ای پسر! چندان که تعلّق خاطر آدمیزاد به روزی است، اگر به روزی‌ده بودی، به مقام از ملائکه درگذشتی.

فراموشت نکرد ایزد در آن حال	که بودی نطفهٔ مدفون و مدهوش
روانت داد و طبع و عقل و ادراک	جمال و نطق و رای و فکرت و هوش
ده انگشتت مـرتّـب کـرد بـر کف	دو بازویت مرکّب ساخت بر دوش
کـنـون پـنـداری ای ناچیزهمّت	که خواهد کردنت روزی فراموش

حکایت

اعرابی‌ای را دیدم که پسر را همی‌گفت: یا بُنَیّ اِنّک مسئولٌ یومَ القیامةِ ماذا اکتَسَبتَ و لا یُقالُ بمن انتسبتَ. یعنی تو را خواهند پرسید که عملت چیست؛ نگویند پدرت کیست.

جـامـهٔ کـعـبـه را کـه مـی‌بـوسـنـد	او نـه از کـرم پـیـلـه نـامـی شـد
بـا عـزیـزی نـشـسـت روزی چـنـد	لاجـرم هـمـچـون او گـرامـی شـد

حکایت

در تصانیف حکما آورده‌اند که کژدم را ولادت معهود نیست، چنان که دیگر حیوانات را بل احشای مادر را بخورند و شکمش را بدرّند و راه صحرا گیرند و آن پوست‌ها که در خانهٔ کژدم بینند، اثر آن است. باری این نکته پیش بزرگی همی‌گفتم، گفت: دل من بر صدق این سخن گواهی می‌دهد و جز چنین نتوان بودن. در حالت خُردی با مادر و پدر چنین معاملت کرده‌اند، لاجرم در بزرگی چنین مُقبِل‌اند و محبوب!

پسری را پدر وصیت کرد   کای جوان‌بخت یاد گیر این پند

هر که با اهل خود وفا نکند   نشود دوست‌روی و دولتمند

حکایت

فقیرهٔ درویشی حامله بود، مدّت حمل به‌سرآورده و مر این درویش را همه عمر فرزند نیامده بود. گفت: اگر خدای عزّوجلّ مرا پسری دهد، جز این خرقه که پوشیده دارم، هرچه در ملک من است ایثار درویشان کنم. اتفاقاً پسر آورد و سفرهٔ درویشان به موجب شرط بنهاد. پس از چند سالی که از سفر شام بازآمدم، به محلّت آن دوست برگذشتم و از چگونگی حالش خبر پرسیدم. گفتند به زندان شحنه دَر است. سبب پرسیدم. کسی گفت: پسرش خَمر خورده است و عربده کرده است و خون کسی ریخته و خود از میان گریخته، پدر را

به علت او سلسله در نای است و بند گران بر پای. گفتم: این بلا را به حاجت از خدای عزّوجلّ خواسته است!

زنان بـاردار ای مـرد هشیار	اگــر وقــت ولادت مــار زایند
از آن بهتر به نزدیک خردمند	کـه فـرزنـدان نـاهـموار زایند

حکایت

طفل بودم که بزرگی را پرسیدم از بلوغ. گفت: در مسطور آمده است که سه نشان دارد؛ یکی پانزده سالگی و دیگر احتلام و سِیُم برآمدن موی پیش. اما در حقیقت یک نشان دارد و بس، آنکه در بند رضای حق جلّ‌وعلا بیش از آن باشی که در بند حظّ نفس خویش و هر آن که در او این صفت موجود نیست، به نزد محقّقان بالغ نشمارندش.

بـه صـورت آدمـی شـد قطرهٔ آب	که چل روزش قرار اندر رحم ماند
و گر چل ساله را عقل و ادب نیست	به تحقیقش نشاید آدمـی خواند
جوانمـردی و لطف است آدمیّت	همـین نقش هیـولانی مپندار
هنر باید که صورت می‌توان کرد	به ایوان‌ها در از شَنگَرف و زَنگار
چو انسان را نباشد فضل و احسان	چه فرق از آدمـی تا نقش دیـوار
به دست آوردن دنیا هنر نیست	یکی را گر توانی دل به دست آر

حکایت

سالی نزاعی در پیادگان حَجیج افتاده بود و داعی در آن سفر هم پیاده. انصاف در سر و روی هم فتادیم و داد فسوق و جدال بدادیم. کجاوه‌نشینی را شنیدم که با عدیل خود می‌گفت: یاللعجب! پیادهٔ عاج چو عرصهٔ شطرنج به‌سرمی‌برد، فرزین می‌شود؛ یعنی به از آن می‌گردد که بود و پیادگان حاج، بادیه به‌سربردند و بَتَر شدند.

از من بگوی حاجی مردمگزای را — کو پوستین خلق به آزار می‌درد
حاجی‌تونیستی، شتراست‌ازبرای‌آنک — بیچاره خار می‌خورد و بار می‌برد

حکایت

هندوی نفط‌اندازی همی‌آموخت. حکیمی گفت: تو را که خانه نیین است، بازی نه این است.

تا ندانی که سخن عین صواب است مگوی
وآنچه دانی که نه‌نیکوش جواب است مگوی

حکایت

مردکی را چشم درد خاست، پیش بیطار رفت که دوا کن. بیطار از آنچه در چشم

چارپای می‌کند، در دیدهٔ او کشید و کور شد. حکومت به داور بردند. گفت: بر او هیچ تاوان نیست. اگر این خر نبودی، پیش بیطار نرفتی. مقصود از این سخن آن است تا بدانی که هر آن که ناآزموده را کار بزرگ فرماید، با آنکه ندامت برد، به نزدیک خردمندان به خِفّت رای منسوب گردد.

| ندهد هوشمند روشن‌رای | به فرومایه کارهای خطیر |
| بوریاباف اگر چه بافنده است | نبرندش به کارگاه حریر |

حکایت

یکی را از بزرگان ائمه پسری وفات یافت. پرسیدند که بر صندوق گورش چه نویسیم؟ گفت: آیات کتاب مجید را عزُت و شرف بیش از آن است که روا باشد بر چنین جای‌ها نوشتن که به روزگار سوده گردد و خلایق بر او گذرند و سگان بر او شاشند. اگر به ضرورت چیزی همی‌نویسند، این بیت کفایت است:

| وه که هر گه که سبزه در بستان | بدمیدی چه خوش شدی دل من |
| بگذر ای دوست تا به وقت بهار | سبزه بینی دمیده بر گل من |

حکایت

پارسایی بر یکی از خداوندان نعمت گذر کرد که بنده‌ای را دست و پای استوار

بسته، عقوبت همی‌کرد. گفت: ای پسر همچو تو مخلوقی را خدای عزّوجلّ اسیر حکم تو گردانیده است و تو را بر وی فضیلت داده، شکر نعمت باری‌تعالی به جای آر و چندین جفا بر وی مپسند، نباید که فردای قیامت به از تو باشد و شرمساری بری.

بر بنده مگیر خشم بسیار / جورش مکن و دلش میازار
او را تو به ده درم خریدی / آخر نه به قدرت آفریدی
این حکم و غرور و خشم تا چند / هست از تو بزرگ‌تر خداوند
ای خواجهٔ ارسلان و آغوش / فرمانده خود مکن فراموش

در خبر است از خواجهٔ عالم صلّی‌الله‌علیه‌وسلم که گفت: بزرگ‌ترین حسرتی روز قیامت آن بُوَد که یکی بندهٔ صالح را به بهشت برند و خواجهٔ فاسق را به دوزخ.

بر غلامی که طوع خدمت توست / خشم بی‌حد مران و طیره مگیر
که فضیحت بود به روز شمار / بنده آزاد و خواجه در زنجیر

حکایت

سالی از بلخ بامیانم سفر بود و راه از حرامیان پُرخطر. جوانی به بدرقه همراه

من شد، سپرباز چرخ‌انداز سلحشور بیش‌زور که به ده مرد توانا کمان او زه کردندی و زورآوران روی زمین، پشت او بر زمین نیاوردندی. ولیکن چنان که دانی متنعّم بود و سایه‌پرورده، نه جهان‌دیده و سفر کرده. رعد کوس دلاوران به گوشش نرسیده و برق شمشیر سواران ندیده.

نیفتاده بر دست دشمن اسیر   به گردش نباریده باران تیر

اتفاقاً من و این جوان هر دو در پی هم دوان. هر آن دیوار قدیمش که پیش آمدی به قوّت بازو بیفکندی و هر درخت عظیم که دیدی به زور سرپنجه برکندی و تفاخرکنان گفتی:

پیل کو تا کتف و بازوی گردان بیند   شیر کو تا کف و سرپنجهٔ مردان بیند

ما در این حالت که دو هندو از پس سنگی سر برآوردند و قصد قِتال ما کردند. به دست یکی چوبی و در بغل آن دیگر کلوخ‌کوبی. جوان را گفتم، چه پایی.

بیار آنچه داری ز مردی و زور   که دشمن به پای خود آمد به گور

تیر و کمان را دیدم از دست جوان افتاده و لرزه بر استخوان.

نه هر که موی شکافد به تیر جوشن‌خای   به روز حملهٔ جنگاوران بدارد پای

چاره جز آن ندیدیم که رخت و سلاح و جامه‌ها رها کردیم و جان به سلامت بیاوردیم.

به کارهای گران مرد کاردیده فرست | که شیر شرزه درآرد به زیر خمّ کمند
جوان اگرچه قوی یال و پیل‌تن باشد | به جنگ دشمنش از هول بگسلد پیوند
نبرد پیش مصاف آزموده معلوم است | چنان که مسألهٔ شرع پیش دانشمند

حکایت

توانگرزاده‌ای را دیدم بر سر گور پدر نشسته و با درویش بچه‌ای مناظره در پیوسته که صندوق تربت ما سنگین است و کتابه رنگین و فرش رُخام انداخته و خشت پیروزه در او به کار برده. به گور پدرت چه مانَد؛ خشتی دو فراهم آورده و مشتی دو خاک بر آن پاشیده؟! درویش‌پسر این بشنید و گفت: تا پدرت زیر آن سنگ‌های گران بر خود بجنبیده باشد، پدر من به بهشت رسیده بود.

خر که کمتر نهند بر وی بار | بی‌شک آسوده‌تر کند رفتار

***

مرد درویش که بار ستم فاقه کشید
به در مرگ همانا که سبک‌بار آید
وآن که در نعمت و آسایش و آسانی زیست
مُردنش زین همه شک نیست که دشخوار آید

به همه حال اسیری که ز بندی برهد
بهتر از حال امیری که گرفتار آید

حکایت

بزرگی را پرسیدم در معنی این حدیث که أَعدی عدوِّک نَفسُک الّتی بینَ جَنبَیک. گفت: به حکم آنکه هر آن دشمنی را که با وی احسان کنی دوست گردد، مگر نفس را که چندان که مدارا بیش کنی، مخالفت زیادت کند.

فرشته‌خوی شود آدمی به کم خوردن
وگر خورد چو بهایم بیوفتد چو جماد

مراد هر که برآری مطیع امر تو گشت
خلاف نفس که فرما ن دهد چو یافت مراد

جدال سعدی با مدّعی در بیان توانگری و درویشی

یکی در صورتِ درویشان، نه بر صفتِ ایشان در محفلی دیدم نشسته و شُنعتی درپیوسته و دفترِ شکایتی باز کرده و ذمِّ توانگران آغاز کرده. سخن بدین‌جا رسانیده که درویش را دستِ قدرت بسته است و توانگر را پای ارادت شکسته.

کریمان را به دست اندر دِرَم نیست		خداوندانِ نعمت را کَرَم نیست

مرا که پروردهٔ نعمتِ بزرگانم، این سخن سخت آمد. گفتم: ای یار، توانگران

دخل مسکینان‌اند و ذخیرهٔ گوشه‌نشینان و مقصد زائران و کَهف مسافران و محتمل بار گران، بهر راحت دگران. دست تناول آن‌گه به طعام برند که مُتِعَلِّقان و زیردستان بخورند و فُضلهٔ مکارم ایشان به اَرامل و پیران و اَقارب و جیران رسیده.

توانگران را وقف است و نذر و مهمانی
زکات و فطره و اِعتاق و هَدی و قربانی

تو کی به دولت ایشان رسی که نتوانی
جز این دو رکعت و آن هم به صد پریشانی؟

اگر قدرت جود است وگر قُوَّت سجود، توانگران را به مُیَسَّر شود که مال مُزَکّی دارند و جامهٔ پاک و عِرض مصون و دل فارغ و قُوَّت طاعت در لقمهٔ لطیف است و صِحَّت عبادت در کِسوَتِ نظیف، پیداست که از معدهٔ خالی چه قُوَّت آید وز دست تهی چه مُرُوَّت وز پای تشنه چه سیر آید و از دست گرسنه چه خیر.

شب، پراکنده خسبد آن که پدید نَـبُـوَد وجـه بـامـدادانـش
مـور، گِـرد آوَرَد بـه تابستان تـا فَـراغـت بُـوَد زمـسـتـانـش

فَراغت با فاقه نپیوندد و جمعیّت در تنگ‌دستی صورت نبندد. یکی تحرمهٔ عشا بسته و یکی منتظرِ عشا نشسته. هرگز این بدان کی ماند؟

خداونـد مُکنت بـه حق مشتغل پـراکـنـده‌روزی، پـراکـنـده‌دل

پس عبادت اینان به قبول، اولی‌تر است که جمع‌اند و حاضر، نه پریشان و پراکنده‌خاطر. اسبابِ معیشت ساخته و به اوراد عبادت پرداخته. عرب گوید: «أَعُوذُ بِاللّهِ مِنَ الفَقْرِ المُکِبِّ وَ جَوارِ مَنْ لا أُحِبُّ» و در خبر است: «الفَقْرُ سَوادُ الوَجْهِ فِی الدّارَینِ». گفتا: نشنیدی که پیغمبر عَلَیْه‌السَّلام گفت: «الفَقْرُ فَخْری». گفتم: خاموش که اشارتِ خواجه عَلَیْه‌السَّلام به فقرِ طایفه‌ای است که مرد میدان رضایند و تسلیم تیر قضا، نه اینان که خرقهٔ ابرار پوشند و لقمهٔ ادرار فروشند.

ای طبل بلندبانگ در باطن هیچ   بی‌توشه چه تدبیر کنی وقت بسیچ؟
روی طمع از خلق بپیچ ار مردی   تسبیح هزار دانه بر دست مپیچ

درویش بی‌معرفت نیارامد تا فقرش به کفر انجامد. «کادَ الفَقْرُ أَنْ یَکُونَ کُفْراً» که نشاید جز به وجود نعمت، برهنه‌ای پوشیدن یا در استخلاص گرفتاری کوشیدن و ابنای جنس ما را به مرتبهٔ ایشان که رساند و یَدِ عُلْیا به یَدِ سُفْلی چه ماند؟ نبینی که حق جلّ‌وعلا در محکم تنزیل از نعیم اهل بهشت خبر می‌دهد که اولئِکَ لَهُم رِزْقٌ مَعلومٌ تا بدانی که مشغول کفاف از دولت عفاف، محروم است و مُلْک فَراغت، زیر نگین رزق معلوم.

تشنگان را نماید اندر خواب   همه عالَم، به چشم، چشمهٔ آب

حالی که من این سخن بگفتم، عِنانِ طاقتِ درویش از دستِ تَحَمُّل برفت. تیغ زبان برکشید و اسب فصاحت در میدان وقاحت جهانید و بر من دوانید و گفت:

چندان مبالغه در وصف ایشان بکردی و سخن‌های پریشان بگفتی که وهم، تصور کند که تریاق‌اند یا کلید خزانهٔ ارزاق.

مشتی مُتِکَبِّر، مغرور، مُعْجَب، نَفور، مشتغل مال و نعمت، مفتتن جاه و ثروت که سخن نگویند؛ إلّا به سفاهت و نظر نکنند؛ إلّا به کراهت. علما را به گدایی منسوب کنند و فقرا را به بی‌سر و پایی معیوب گردانند و به عِزَّتِ مالی که دارند و عِزَّتِ جاهی که پندارند، برتر از همه نشینند و خود را به از همه بینند و نه آن در سر دارند که سر به کسی بردارند، بی‌خبر از قول حکما که گفته‌اند: هر که به طاعت از دیگران کم است و به نعمت بیش، به صورت توانگر است و به معنی درویش.

گر بی‌هنر به مال کند کِبر بر حکیم ‌‌‌‌‌‌‌‌‌‌‌‌ کونِ خرش شمار و گر گاوِ عنبر است

گفتم: مَذِمَّت اینان روا مدار که خداوند کرم‌اند، گفت: غلط گفتی که بندهٔ دِرَم‌اند. چه فایده چون ابر آذارند و نمی‌بارند و چشمهٔ آفتاب‌اند و بر کس نمی‌تابند. بر مرکب استطاعت، سواران‌اند و نمی‌رانند. قدمی بهر خدا ننهند و دِرَمی بی‌مَنّ و أَذی ندهند. مالی به مَشقَّت فراهم آرند و به خِسَّت نگه دارند و به حسرت بگذارند، چنان‌که حکیمان گویند: سیم بخیل از خاک وقتی برآید که وی در خاک رود.

به‌رنج و سعی کسی نعمتی به‌چنگ آرد دگر کس آید و بی‌سعی و رنج بردارد

گفتمش: بر بُخل خداوندان نعمت، وقوف نیافته‌ای إلّا به عِلَّتِ گدایی. وگرنه هرکه طَمَع یک سو نهد، کریم و بخیلش یکی نماید. محک داند که زر چیست و گدا داند که مُمْسِک کیست.

گفتا: به تجربت آن همی‌گویم که مُتِعَلِّقان بر در بدارند و غلیظان شدید برگمارند تا بار عزیزان ندهند و دست بر سینهٔ صاحب‌تمیزان نهند و گویند: کس اینجا در نیست و راست گفته باشند.

آن را که عقل و همّت و تدبیر و رای نیست
خوش گفت پرده‌دار که کس در سرای نیست

گفتم: به عذر آن که از دست مُتِوَقِّعان به جان آمده‌اند و از رُقعهٔ گدایان به فغان و محال عقل است اگر ریگ بیابان، دُرّ شود که چشم گدایان، پر شود.

دیدهٔ اهل طمع به نعمت دنیا پُر نشود همچنان که چاه به شبنم

هر کجا سختی‌کشیده‌ای تلخی‌دیده‌ای را بینی، خود را به شَرَه در کارهای مخوف اندازد و از توابعِ آن نپرهیزد و از عقوبتِ ایزد نهراسد و حلال از حرام نشناسد.

سگی را گر کلوخی بر سر آید ز شادی برجهد کاین استخوانی‌ست
وگر نعشی دو کس بر دوش گیرند لئیم‌الطبع پندارد که خوانی‌ست

امّا صاحبِ دنیا به عینِ عنایتِ حق ملحوظ است و به حلال از حرام محفوظ. من همانا که تقریر این سخن نکردم و برهان بیان نیاوردم، انصاف از تو تَوَقُّع دارم. هرگز دیده‌ای دستِ دعایی بر کتف بسته یا بینوایی به زندان در نشسته یا پردهٔ معصومی دریده یا کفی از مِعْصَم بریده، إلّا به علّت درویشی؟ شیرمردان را به حکمِ ضرورت در نقب‌ها گرفته‌اند و کعب‌ها سُفته و محتمل است آن که یکی را از درویشان نفس امّاره طلب کند، چو قوّت احصانش نباشد، به عصیان مبتلا گردد که بطن و فرج توأم‌اند، یعنی فرزند یک شکم‌اند؛ مادام که این یکی برجای است، آن دگر بر پای است. شنیدم که درویشی را با حدثی بر خبثی گرفتند. با آنکه شرمساری برد، بیم سنگساری بود. گفت: ای مسلمانان قوت ندارم که زن کنم و طاقت نه که صبر کنم، چه کنم؟ لا رهبانیة فی الاسلام. وز جملهٔ مواجب سکون و جمعیّت درون که مر توانگر را میسّر می‌شود، یکی آنکه هر شب صنمی در بر گیرد که هر روز بدو جوانی از سر گیرد. صبح تابان را دست از صباحت او بر دل و سرو خرامان را پای از خجالت او در گل.

به خون عزیزان فروبرده چنگ　　　سر انگشت‌ها کرده عنّاب‌رنگ

محال است که با حسن طلعت او گرد مناهی گردد یا قصد تباهی کند.

دلی که حور بهشتی ربود و یغما کرد　　　کی التفات کند بر بتان یغمایی

***

مَن كانَ بَينَ يَدَيهِ مَا اشتَهى رُطَبٌ   يُغنيهِ ذلِكَ عَن رَجمِ العَناقيدِ

اغلب تهی‌دستان دامن عصمت به معصیت آلایند و گرسنگان نان ربایند.

چون سگ درّنده گوشت یافت نپرسد   کاین شتر صالح است یا خر دجّال

چه مایه مستوران به علّت درویشی در عین فساد افتاده‌اند و عِرض گرامی به باد زشت‌نامی برداده.

با گرسنگی، قُوَّت پرهیز نماند   اِفلاس عنان از کف تقوی بستاند

حاتم طایی که بیابان‌نشین بود، اگر شهری بودی از جوش گدایان بیچاره شدی و جامه بر او پاره کردندی. گفتا: نه که من بر حال ایشان رحمت می‌برم. گفتم: نه که بر مال ایشان حسرت می‌خوری. ما در این گفتار و هر دو به هم گرفتار. هر بیدقی که براندی، به دفع آن بکوشیدمی و هر شاهی که بخواندی، به فرزین بپوشیدمی تا نقد کیسۀ همّت درباخت و تیر جعبۀ حجّت همه بینداخت.

هـان تـا سپـر نیفکنی از حملۀ فصیح
کاو را جز آن مبالغۀ مستعار نیست

دین ورز و معرفت که سخندان سجعگوی
بر در سلاح دارد و کس در حصار نیست

تا عاقبت‌الامر دلیلش نماند، ذلیلش کردم. دست تعدّی دراز کرد و بیهُده گفتن آغاز و سنّت جاهلان است که چون به دلیل از خصم فرومانند سلسلۀ خصومت

بجنبانند؛ چون آزر بت‌تراش که به حجّت با پسر برنیامد، به جنگش برخاست که «لَئِن لَمْ تَنْتَهِ لَأَرجُمَنَّکَ»، دشنامم داد، سقطش گفتم. گریبانم درید، زنخدانش گرفتم.

او در من و من در او فتاده	خلق از پی ما دوان و خندان

انگشت تعجّب جهانی	از گفت و شنیدِ ما به دندان

القصه، مرافعهٔ این سخن پیش قاضی بردیم و به حکومت عدل راضی شدیم تا حاکم مسلمانان مصلحتی بجوید و میان توانگران و درویشان فرقی بگوید. قاضی چو حیلت ما بدید و منطق ما بشنید سر به جیب تفکر فروبرد و پس از تأمّل بسیار برآورد و گفت: ای آن که توانگران را ثنا گفتی و بر درویشان جفا روا داشتی، بدان که هرجا که گل است، خار است و با خَمر، خُمار است و بر سر گنج، مار است و آنجا که دُرّ شاهوار است، نهنگ مردم‌خوار است. لذّت عیش دنیا را لدغهٔ اجل در پس است و نعیم بهشت را دیوار مکاره در پیش.

جور دشمن چه کند گر نکشد طالب دوست
گنج و مار و گل و خار و غم و شادی به هماند

نظر نکنی در بوستان که بیدمشک است و چوب خشک، همچنین در زمرهٔ توانگران، شاکرند و کفور و در حلقهٔ درویشان، صابرند و ضجور.

اگر ژاله، هر قطره‌ای دُر شدی	چو خرمهره بازار از او پُر شدی

مقرّبان حق جلّ‌وعلا توانگران‌اند درویش‌سیرت و درویشان‌اند توانگرهمّت و مهین توانگران آن است که غم درویش خورد و بهین درویشان آن است که کم توانگر گیرد. «وَ مَنْ یَتَوکَّل عَلَی اللهِ فَهُوَ حَسبُهُ». پس روی عتاب از من به جانب درویش آورد و گفت: ای که گفتی توانگران مشتغل‌اند و ساهی و مست ملاهی، نعم! طایفه‌ای هستند بر این صفت که بیان کردی؛ قاصرهمّت کافرنعمت که ببرند و بنهند و نخورند و ندهند وگر به مَثَل باران نبارد یا طوفان جهان بردارد، به اعتماد مُکنت خویش از مِحنت درویش نپرسند و از خدای عزّوجلّ نترسند و گویند:

گر از نیستی دیگری شد هلاک — مرا هست بط را ز طوفان چه باک

***

و راکِباتِ نیاقٍ فی هَوادِجِها — لَم یَلتَفِتنَ اِلی مَن غاصَ فِی الکُثُبِ

***

دونان چو گلیم خویش بیرون بردند — گویند چه غم گر همه عالم مُردند

قومی بر این نمط که شنیدی و طایفه‌ای خوان نعمت نهاده و دست کرم گشاده، طالب نام‌اند و معرفت و صاحب دنیا و آخرت، چون بندگان حضرت پادشاه عالم عادل مؤید مظفر منصور، مالک ازمّهٔ اَنام، حامی ثغور اسلام، وارث ملک سلیمان، اعدل ملوک زمان، مظفرالدنیا و الدین، اتابک ابی‌بکر سعد ادام الله ایامه و نصر اعلامه.

پدر به جای پسر هرگز این کَرَم نکند
که دست جود تو با خاندان آدم کرد

خدای خواست که بر عالمی ببخشاید
تو را به رحمت خود پادشاه عالم کرد

قاضی چو سخن بدین غایت رسانید وز حد قیاس ما اسب مبالغه درگذرانید، به مقتضای حکم قضا رضا دادیم و از مامضی درگذشتیم و بعد از مُجارا طریق مدارا گرفتیم و سر به تدارک بر قدم یکدگر نهادیم و بوسه بر سر و روی هم دادیم و ختم سخن بر این بود:

مکن ز گردش گیتی شکایت ای درویش
که تیره‌بختی اگر هم بر این نسق مردی

توانگرا چو دل و دست کامرانت هست
بخور، ببخش که دنیا و آخرت بردی

باب هشتم
در آداب صحبت

حکایت

مال از بهرِ آسایش عمر است، نه عمر از بهرِ گرد کردن مال. عاقلی را پرسیدند: نیک‌بخت کیست و بدبختی چیست؟ گفت: نیک‌بخت آن که خورد و کشت و بدبخت آن که مُرد و هشت.

مکن نماز بر آن هیچ‌کس که هیچ نکرد
که عمر در سر تحصیل مال کرد و نخَورد

***

موسی، علیه‌السَّلام، قارون را نصیحت کرد که اَحْسِن کَما اَحسَنَ اللهُ الیک. نشنید و عاقبتش شنیدی.

آن‌کس که به دینار و درم خیر نیندوخت
سر، عاقبت اندر سر دینار و درم کرد

خواهی که ممتّع شوی از دنیی و عقبی
با خلق کرم کن چو خدا با تو کرم کرد

عرب گوید: جُد وَ لاتَمنُن فَإنَّ الفائدةَ اِلَیکَ عائدة؛ یعنی ببخش و منّت منه که نفع آن به تو باز می‌گردد.

درخت کرَم هر کجا بیخ کرد / گذشت از فلک شاخ و بالای او
گر امّیدواری کز او بر خوری / به منّت منه ارّه بر پای او

***

شکر خدای کن که موفق شدی به خیر
ز انعام و فضل او، نه معطّل گذاشتت
منّت منه که خدمت سلطان کنی همی
منّت شناس از او که به خدمت بداشتت

حکایت

دو کس رنج بیهوده بردند و سعی بی‌فایده کردند: یکی آن که اندوخت و نخورد و دیگر آن که آموخت و نکرد.

علم چندان که بیشتر خوانی / چون عمل در تو نیست نادانی
نه محقق بود، نه دانشمند / چارپایی بر او کتابی چند
آن تهی‌مغز را چه علم و خبر / که بر او هیزم است یا دفتر

***

علم ازبهرِ دین پروردن است، نه ازبهرِ دنیا خوردن.

هر که پرهیز و علم و زهد فروخت   خرمنی گرد کرد و پاک بسوخت

***

عالم ناپرهیزگار، کور مشعله‌دار است.

بی‌فایده هر که عمر درباخت   چیزی نخرید و زر بینداخت

***

ملک از خردمندان جمال گیرد و دین از پرهیزگاران کمال یابد. پادشاهان به صحبت خردمندان از آن محتاج‌ترند که خردمندان به قربت پادشاهان.

پندی اگر بشنوی ای پادشاه   در همه عالم به از این پند نیست
جز به خردمند مفرما عمل   گرچه عمل کار خردمند نیست

***

سه چیز پایدار نماند: مال بی‌تجارت و علم بی‌بحث و مُلک بی‌سیاست.

***

رحم آوردن بر بدان، ستم است بر نیکان. عفو کردن از ظالمان، جور است بر درویشان.

خبیث را چو تعهد کنی و بنوازی   به دولت تو گنه می‌کند به انبازی

***

به دوستی پادشاهان اعتماد نتوان کرد و بر آواز خوش کودکان که آن به خیالی مبدل شود و این به خوابی متغیر گردد.

معشوق هزار دوست را دل ندهی   ور می‌دهی آن دل به جدایی بنهی

***

هر آن سرّی که در سر داری با دوست در میان منه، چه دانی که وقتی دشمن گردد و هر گزندی که توانی، به دشمن مرسان که باشد که وقتی دوست شود. رازی که نهان خواهی، با کس در میان منه وگرچه دوست مخلص باشد که مر آن دوست را نیز دوستان مخلص باشد، همچنین مسلسل.

خامُشی به که ضمیر دل خویش   با کسی گفتن و گفتن که مگوی
ای سلیم آب ز سرچشمه ببند   که چو پر شد نتوان بستن جوی

***

سخنی در نهان نباید گفت   که بر انجمن نشاید گفت

***

دشمنی ضعیف که در طاعت آید و دوستی نماید، مقصود وی جز آن نیست که دشمنی قوی گردد و گفته‌اند: بر دوستی دوستان اعتماد نیست تا به تملّق دشمنان چه رسد و هر که دشمن کوچک را حقیر می‌دارد، بدان ماند که آتش اندک را مهمل می‌گذارد.

امروز بکُش چو می‌توان کشت   کآتش چو بلند شد جهان سوخت

مگذار که زه کند کمان را   دشمن که به تیر می‌توان دوخت

***

سخن میان دو دشمن چنان گوی که گر دوست گردند، شرمزده نشوی.

میان دو کس جنگ چون آتش است

سخن چین بدبخت هیزمکش است

کنند این و آن خوش دگرباره دل

وی اندر میان کوربخت و خجل

میان دو تن آتش افروختن

نه عقل است و خود در میان سوختن

***

در سخن با دوستان آهسته باش		تا ندارد دشمن خونخوار گوش

پیش دیوار آنچه گویی هوش دار		تا نباشد در پس دیوار گوش

***

هر که با دشمنان صلح می‌کند، سر آزار دوستان دارد.

بشوی ای خردمند از آن دوست دست		که با دشمنانت بود همنشست

***

چون در امضای کاری متردد باشی آن طرف اختیار کن که بی‌آزارتر برآید.

با مردم سهل‌خوی دشخوار مگوی		با آن که درِ صلح زند جنگ مجوی

تا کار به زر برمی‌آید، جان در خطر افکندن نشاید. عرب گوید: آخِرُ الحِیَلِ السَّیفُ

چو دست از همه حیلتی درگسست		حلال است بردن به شمشیر دست

***

بر عجز دشمن رحمت مکن که اگر قادر شود بر تو نبخشاید.

دشمن چو بینی ناتوان، لاف از بروت خود مزن
مغزی‌ست در هر استخوان، مردی‌ست در هر پیرهن

***

هر که بدی را بکُشد، خلق را از بلای او برهاند و او را از عذاب خدای عزَّوجلَّ.

پسندیده است بخشایش ولیکن — منه بر ریش خلق‌آزار مرهم
ندانست آن که رحمت کرد بر مار — که آن ظلم است بر فرزند آدم

***

نصیحت از دشمن پذیرفتن خطاست، ولیکن شنیدن رواست تا به خلاف آن کار کنی که آن عین صواب است.

حذر کن زآنچه دشمن گوید آن کن — که بر زانو زنی دست تَغابُن
گرت راهی نماید راست چون تیر — از او برگرد و راه دست چپ گیر

***

خشم بیش از حد گرفتن وحشت آرد و لطف بی‌وقت هیبت ببرد. نه چندان درشتی کن که از تو ·سیر گردند و نه چندان نرمی که بر تو دلیر شوند.

درشتی و نرمی به هم در به است — چو فاصد که جرّاح و مرهم نه است

درشتی نگیرد خردمند پیش   نه سستی که ناقص کند قدر خویش

نه مر خویشتن را فزونی نهد   نه یکباره تن در مذلّت دهد

***

شبانی با پدر گفت: ای خردمند   مرا تعلیم ده پیرانه یک پند

بگفتا نیکمردی کن نه چندان   که گردد خیره گرگ تیزدندان

***

دو کس دشمن ملک و دین‌اند: پادشاه بی‌حلم و زاهد بی‌علم.

بر سر مُلک مباد آن مَلک فرماندہ   که خدا را نبوَد بندۂ فرمان‌بردار

***

پادشه باید که تا به حدی خشم بر دشمنان نراند که دوستان را اعتماد نماند. آتش خشم اوّل در خداوند خشم اوفتد پس آن‌گه زبانه به خصم رسد یا نرسد.

نشاید بنی‌آدم خاک‌زاد   که در سر کند کبر و تندی و باد

تو را با چنین گرمی و سرکشی   نپندارم از خاکی، از آتشی

***

در خاک بیلقان برسیدم به عابدی گفتم: مرا به تربیت از جهل پاک کن
گفتا: برو چو خاک تحمل کن ای فقیه یا هرچه خوانده‌ای همه در زیر خاک کن

***

بدخوی در دستِ دشمنی گرفتار است که هر کجا رود از چنگِ عقوبتِ او خلاص نیابد.

اگر ز دست بلا بر فلک رود بدخوی ز دست خوی بد خویش در بلا باشد

***

چو بینی که در سپاهِ دشمن تفرقه افتاده است، تو جمع باش وگر جمع شوند، از پریشانی اندیشه کن.

برو با دوستان آسوده بنشین چو بینی در میان دشمنان جنگ
وگر بینی که با هم یک‌زبانند کمان را زه کن و بر باره بر سنگ

***

دشمن چو از همه حیلتی فروماند، سلسلهٔ دوستی بجنباند، پس آن‌گه به دوستی کارهایی کند که هیچ دشمن نتواند.

***

سرِ مار به دستِ دشمن بکوب که از اِحدَی الحُسنَیَین خالی نباشد: اگر این غالب آمد، مار کُشتی وگر آن، از دشمن رَستی.

به روزِ معرکه ایمِن مشو ز خصمِ ضعیف
که مغزِ شیر برآرد چو دل ز جان برداشت

***

خبری که دانی که دلی بیازارد، تو خاموش تا دیگری بیارد.

بلبلا! مژدهٔ بهار بیار　　　خبرِ بد به بوم بازگذار

***

پادشه را بر خیانتِ کسی واقف مگردان، مگر آن‌گه که بر قبولِ کلی واثق باشی وگرنه در هلاکِ خویش سعی می‌کنی.

بسیجِ سخن گفتن آنگاه کن　　　که دانی که در کار گیرد سخُن

***

هر که نصیحتِ خودرای می‌کند، او خود به نصیحتگری محتاج است.

***

فریب دشمن مخور و غرور مداح مخر، که این دام زرق نهاده است و آن دامن

طمع گشاده. احمق را ستایش خوش آید؛ چون لاشه که در کعبش دمی، فربه نماید.

الا تا نشنوی مدح سخن‌گوی   که اندک‌مایه نفعی از تو دارد
که گر روزی مرادش برنیاری   دو صد چندان عیوبت برشمارد

***

متکلّم را تا کسی عیب نگیرد، سخنش صلاح نپذیرد.

مشو غرّه بر حُسنِ گفتارِ خویش   به تحسین نادان و پندار خویش

***

همه‌کس را عقل خود به کمال نماید و فرزند خود به جمال.

یکی یهود و مسلمان نزاع می‌کردند
چنان که خنده گرفت از حدیث ایشانم
به طیره گفت مسلمان گر این قبالهٔ من
درست نیست، خدایا یهود میرانم
یهود گفت به تورات می‌خورم سوگند!
وگر خلاف کنم، همچو تو مسلمانم
گر از بسیط زمین عقل منعدم گردد
به خود گمان نبرد هیچ‌کس که نادانم

۲۲۰

***

ده آدمی بر سفره‌ای بخورند و دو سگ بر مُرداری با هم به‌سرنبرند. حریص با جهانی گرسنه است و قانع به نانی سیر. حکما گفته‌اند: توانگری به قناعت، به از توانگری به بضاعت.

رودهٔ تنگ به یک نانِ تهی پر گردد / نعمت روی زمین پر نکند دیدهٔ تنگ

***

پدر چون دور عمرش منقضی گشت / مرا این یک نصیحت کرد و بگذشت
که شهوت آتش است از وی بپرهیز / به خود بر آتش دوزخ مکُن تیز
در آن آتش نداری طاقت سوز / به صبر، آبی بر این آتش زن امروز

***

هر که در حال توانایی نکویی نکند، در وقت ناتوانی سختی بیند.

بداخترتر از مردم‌آزار نیست / که روز مصیبت کسش یار نیست

***

هرچه زود برآید، دیر نپاید.

خاک مشرق شنیدهام که کنند   به چهل سال کاسهای چینی
صد به روزی کنند در مَردَشت   لاجَرَم قیمتش همیبینی

***

مرغک از بیضه برون آید و روزی طلبد
وآدمیبچه ندارد خبر و عقل و تمیز
آن که ناگاه کسی گشت، به چیزی نرسید
وین به تمکین و فضیلت بگذشت از همهچیز
آبگینه همهجا یابی، از آن قدرش نیست
لعل دشخوار به دست آید از آن است عزیز

***

کارها به صبر بر آید و مُستَعجِل به سر درآید.

به چشم خویش دیدم در بیابان   که آهسته سَبَق بُرد از شتابان
سمند بادپای از تک فروماند   شتربان همچنان آهسته میراند

***

نادان را به از خاموشی نیست وگر این مصلحت بدانستی، نادان نبودی.

چون نداری کمال فضل آن به   که زبان در دهان نگه داری

آدمــی را زبــان فضـیحه کند   جــوز بی‌مغـز را سبکساری

***

خری را ابلهی تعلیم می‌داد   بر او بر صرف کرده سعی دائم
حکیمی گفتش ای نادان چه کوشی؟   در این سودا بترس از لوم لائم
نیاموزد بهایم از تو گفتار   تو خاموشی بیاموز از بهایم

***

هر که تأمل نکند در جواب   بیشتر آید سخنش ناصواب
یا سخن آرای چو مردم به هوش   یا بنشین چون حیوانان خموش

***

هر که با داناتر از خود بحث کند تا بدانند که داناست، بدانند که نادان است.

چون درآید مِه از تویی به سخن   گرچه به دانی، اعتراض مکن

***

هر که با بدان نشیند، نیکی نبیند.

گر نشیند فرشته‌ای با دیو   وحشت آموزد و خیانت و ریو

از بــدان نیکـویـی نیـامـوزی   نکـند گــرگ پـوسـتـیـن‌دوزی

***

مردمان را عیب نهانی پیدا مکن که مر ایشان را رسوا کنی و خود را بی‌اعتماد.

هر که علم خواند و عمل نکرد، بدان ماند که گاو راند و تخم نیفشاند.

***

از تن بی‌دل طاعت نیاید و پوست بی‌مغز را بضاعت نشاید.

***

نه هر که در مجادله چُست، در معامله درست.

بس قامت خوش که زیر چادَر باشد   چــون بــاز کنی مــادر مــادر باشد

***

اگر شب‌ها همه قدر بودی، شب قدر بی‌قدر بودی.

گر سنگ همه لعل بدخشان بودی   پس قیمت لعل و سنگ یکسان بودی

***

نه هر که به صورت نکوست، سیرت زیبا در اوست. کار اندرون دارد نه پوست.

توان شناخت به یک روز در شمایل مرد
که تا کجاش رسیده است پایگاه علوم
ولی ز باطنش ایمن مباش و غرّه مشو
که خُبث نفس نگردد به سال‌ها معلوم

***

هرکه با بزرگان ستیزد، خون خود ریزد.

خویشتن را بزرگ پنداری   راست گفتند یک، دو بیند لوچ
زود بینی شکسته پیشانی   تو که بازی کنی به سر با غوچ

***

پنجه با شیر زدن و مشت با شمشیر، کار خردمندان نیست.

جنگ و زورآوری مکن با مست   پیش سرپنجه در بغل نِه دست

***

ضعیفی که با قوی دلاوری کند، یار دشمن است در هلاک خویش.

سایه پرورده را چه طاقت آن   که رَوَد با مبارزان به قتال
سست‌بازو به جهل می‌فکند   پنجه با مرد آهنین‌چنگال

***

بی‌هنران، هنرمند را نتوانند که بینند همچنان که سگان بازاری سگ صید را مشغله برآرند و پیش آمدن نیارند؛ یعنی سفله چون به هنر با کسی برنیاید، به خُبثش در پوستین افتد.

کند هرآینه غیبت حسود کوته‌دست
که در مقابله گنگش بود زبان مقال

***

گر جور شکم نیستی، هیچ مرغ در دام صیاد نیوفتادی، بلکه صیّاد خود دام ننهادی. حکیمان دیر دیر خورند و عابدان نیمسیر و زاهدان سدّ رمق و جوانان تا طَبُق برگیرند و پیران تا عرق بکنند، اما قلندران چندان که در معده جای نفس نماند و بر سفره روزی کس.

اسیر بند شکم را دو شب نگیرد خواب شبی ز معدهٔ سنگی، شبی ز دل‌تنگی

***

مشورت با زنان تباه است و سخاوت با مفسدان گناه.

خبیث را چو تعهد کنی و بنوازی به دولت تو گنه می‌کند به انبازی

***

هر که را دشمن پیش است، اگر نکشد دشمن خویش است.

سنگ بر دست و مار، سر بر سنگ خیره‌رایی بود قیاس و درنگ

***

کشتن بندیان تأمل اولی‌تر است، به حکم آن که اختیار باقی است: توان کشت و توان بخشید وگر بی‌تأمل کشته شود، محتمل است که مصلحتی فوت شود که تدارک مثل آن ممتنع باشد.

نیک سهل است زنده بی‌جان کرد کشته را باز زنده نتوان کرد

شرط عقل است صبر تیرانداز که چو رفت از کمان نیاید باز

***

حکیمی که با جُهّال دراُفتد توقعِ عزّت ندارد وگر جاهلی به زبان‌آوری بر حکیمی غالب آید، عجب نیست که سنگی است که گوهر همی‌شکند.

نه عجب گر فرورود نَفَسَش عندلیبی، غُراب هم قفسش

***

گر هنرمند از اوباش جفایی بیند تا دل خویش نیازارد و درهم نشود

سنگ بدگوهر اگر

کاسهٔ زرّین بشکست قیمت سنگ نیفزاید و زر کم نشود

***

خردمندی را که در زمرهٔ اجلاف سخن ببندد، شگفت مدار که آواز بربط با غلبهٔ دهل برنیاید و بوی عنبر از گند سیر فروماند.

بلندآواز نادان گردن افراخت که دانا را به بی‌شرمی بینداخت
نمی‌داند که آهنگ حجازی فرو ماند ز بانگ طبل غازی

***

جوهر اگر در خلاب افتد، همچنان نفیس است و غبار اگر به فلک رسد، همان خسیس. استعداد بی‌تربیت دریغ است و تربیت نامستعد ضایع. خاکستر، نسبی عالی دارد که آتش جوهر علوی است، ولیکن چون به نفس خود هنری ندارد، با خاک برابر است و قیمت شکر نه از نی است که آن خود خاصیت وی است.

چو کنعان را طبیعت بی‌هنر بود پیمبرزادگی قدرش نیفزود
هنر بنمای اگر داری نه گوهر گل از خار است و ابراهیم از آزر

***

مشک آن است که ببوید، نه آن که عطار بگوید. دانا چو طبلهٔ عطار است، خاموش و هنرنمای و نادان خود طبل غازی، بلندآواز و میان‌تهی.

عالِم اندر میان جاهل را　　مثلی گفته‌اند صدیقان
شاهدی در میان کوران است　　مُصحَفی در سرای زندیقان

***

دوستی را که به عمری فرا چنگ آرند، نشاید که به یک دم بیازارند.

سنگی به چند سال شود لعل پاره‌ای　　زنهار تا به یک نفسش نشکنی به سنگ

***

عقل در دست نفس چنان گرفتار است که مرد عاجز با زن گُربُز. رای بی‌قوّت مکر و فسون است و قوُت بی‌رای جهل و جنون.

تمیز باید و تدبیر و عقل و آن‌گه مُلک
که ملک و دولت نادان سلاح جنگ خداست

***

جوانمرد که بخورَد و بدهد، به از عابدی که روزه دارد و بنهد. هر که ترک شهوات از بهرِ قبول خلق داده است، از شهوتی حلال در شهوتی حرام افتاده است.

عابد که نه از بهرِ خدا گوشه نشیند   بیچاره در آیینهٔ تاریک چه بیند

***

اندک‌اندک خیلی شود و قطره‌قطره سیلی گردد؛ یعنی آنان که دست قوّت ندارند، سنگ‌خرده نگه دارند تا به وقت فرصت دَمار از دماغ ظالم برآرند.

وَ قَطرٌ عَلی قَطرٍ اِذَا اتَّفَقَت نَهرٌ   وَ نَهرٌ عَلی نَهرٍ اِذَا اجتَمَعَت بَحرٌ

***

اندک‌اندک به هم شود بسیار   دانه‌دانه است غلّه در انبار

***

عالم را نشاید که سفاهت از عامی به حلم درگذراند که هر دو طرف را زیان دارد: هیبت این کم شود و جهل آن مستحکم.

چو با سفله گویی به لطف و خوشی   فزون گرددش کبر و گردن‌کشی

***

معصیت از هر که صادر شود ناپسندیده است و از علما ناخوب‌تر که علم، سلاح جنگ شیطان است و خداوندِ سلاح را چون به اسیری برند شرمساری بیش بَرَد.

عام نادان پریشان‌روزگار   به ز دانشمند ناپرهیزگار

کآن به نابینایی از راه اوفتاد
وین دو چشمش بود و در چاه اوفتاد

***

جان در حمایتِ یک دم است و دنیا وجودی میان دو عدم. دین به دنیافروشان خرند، یوسف بفروشند تا چه خرند؟! اَلَم اَعهَد اِلَیکُم یا بَنی آدَمَ اَن لاتَعبُدوا الشَّیطانَ؟

به قول دشمن، پیمان دوست بشکستی
ببین که از که بریدی و با که پیوستی

***

شیطان با مخلصان برنمی‌آید و سلطان با مفلسان.

وامش مده آن که بی‌نماز است
گرچه دهنش ز فاقه باز است

کاو فرض خدا نمی‌گزارد
از قرض تو نیز غم ندارد

***

امروز دو مرده بیش گیرد مِرکَن
فردا گوید تربی از اینجا بر کن

***

هر که در زندگانی نانش نخورند، چون بمیرد نامش نبرند. لذّت انگور بیوه

داند، نه خداوند میوه. یوسف صدیق علیه‌السّلام در خشک‌سال مصر سیر نخوردی تا گرسنگان فراموش نکند.

آن که در راحـت و تنعّم زیست   او چه داند که حال گرسنه چیست

حـال درمـانـدگـان کـسـی دانـد   که بـه احـوال خـویـش درمـانـد

***

ای که بر مرکب تازنده سـواری هش دار

که خر خارکش مسکین در آب و گل است

آتـش از خانهٔ همسایهٔ درویـش مخواه

کآنچه بر روزن او می‌گذرد، دود دل است

***

درویش ضعیف‌حال را در خشکی تنگ‌سال مپرس که چونی، الا به شرط آن که مرهم ریشش بنهی و معلومی پیشش.

خـری که بینی و بـاری به گِـل در افتاده

به دل بر او شفقت کن، ولی مرو به سرش

کنون که رفتی و پرسیدی‌اش که چون افتاد

میان ببند و چو مردان بگیر دُمب خرش

***

دو چیز محال عقل است: خوردن بیش از رزق مقسوم و مردن پیش از وقت معلوم.

قضا دگر نشود ور هزار ناله و آه به کفر یا به شکایت برآید از دهنی
فرشته‌ای که وکیل است بر خزائن باد چه غم خورد که بمیرد چراغ پیرزنی

***

ای طالب روزی بنشین که بخوری و ای مطلوب اجل مرو که جان نبری.

جهد رزق ار کنی وگر نکنی برساند خدای عزّوجلّ
ور روی در دهان شیر و پلنگ نخورندت مگر به روز اجل

***

به نانهاده دست نرسد و نهاده هر کجا هست برسد.

شنیده‌ای که سکندر برفت تا ظُلمات
به چند محنت و خورد آن که خورد آب حیات

***

صیاد بی‌روزی ماهی در دجله نگیرد و ماهی بی‌اجل در خشک نمیرد.

مسکین حریص در همه عالم همی‌رود او در قفای رزق و اجل در قفای او

***

توانگر فاسق، کلوخ زراندود است و درویش صالح، شاهد خاک‌آلود. این دلق موسی است، مرقّع و آن ریش فرعون، مرصّع.

***

شدّت نیکان روی در فَرَج دارد و دولت بدان سر در نشیب.

هر که را جاه و دولت است و بدان	خاطری خسته درنخواهد یافت
خبرش ده که هیچ دولت و جاه	به سرای دگر نخواهد یافت

***

حسود از نعمت حق بخیل است و بندهٔ بی‌گناه را دشمن می‌دارد.

مردکی خشک‌مغز را دیدم	رفته در پوستین صاحب جاه
گفتم ای خواجه گر تو بدبختی	مردم نیک‌بخت را چه گناه

***

الا تا نخواهی بلا بر حسود	که آن بخت‌برگشته خود در بلاست
چه حاجت که با او کنی دشمنی	که او را چنین دشمنی در قفاست

***

تلمیذ بی‌ارادت، عاشق بی‌زر است و روندهٔ بی‌معرفت، مرغ بی‌پر و عالم بی‌عمل، درخت بی‌بر و زاهد بی‌علم، خانهٔ بی‌در.

***

مراد از نزول قرآن تحصیل سیرت خوب است، نه ترتیل سورت مکتوب. عامی متعبّد پیادهٔ رفته است و عالم متهاوِن سوار خفته. عاصی که دست بردارد، به از عابد که در سر دارد.

سرهنگ لطیف‌خوی دل دار　　　بهتر ز فقیه مردم‌آزار

***

یکی را گفتند: عالم بی‌عمل به چه ماند؟ گفت: به زنبور بی‌عسل.

زنبور درشت بی‌مروت را گوی　　　باری چو عسل نمی‌دهی، نیش مزن

***

مرد بی‌مروّت زن است و عابد با طمع رهزن.

ای به ناموس کرده جامه سپید　　　بهر پندار خلق و نامه سیاه

دست کوتاه باید از دنیا		آستین خوه دراز و خوه کوتاه

***

دو کس را حسرت از دل نرود و پای تَغابُن از گل برنیاید؛ تاجر کشتی‌شکسته و وارث با قلندران نشسته.

پیش درویشان بود خونت مباح		گر نباشد در میان مالت سبیل

یا مرو با یار ازرق‌پیرهن		یا بکش بر خان‌ومان انگشت نیل

دوستی با پیلبانان یا مکن		یا طلب کن خانه‌ای درخورد پیل

***

خلعت سلطان اگرچه عزیز است، جامهٔ خلقان خود به‌عزّت‌تر و خوان بزرگان اگرچه لذیذ است، خردهٔ انبان خود به‌لذّت‌تر.

سرکه از دسترنج خویش و تره		بهتر از نان دهخدا و بره

***

خلاف راه صواب است و عکس رای اولوالالباب، دارو به گمان خوردن و راه نادیده بی‌کاروان رفتن. امام مرشد محمد غزالی را رحمة‌الله‌علیه پرسیدند: چگونه رسیدی بدین منزلت در علوم؟ گفت: بدانکه هرچه ندانستم از پرسیدن آن ننگ نداشتم.

امید عافیت آنگه بود موافق عقل	شناس بنمایی‌که نبض را به طبیعت
بپرس هرچه ندانی که ذُلّ پرسیدن	دلیل راه تو باشد به عِزّ دانایی

***

هر آنچه دانی که هرآینه معلوم تو گردد، به پرسیدن آن تعجیل مکن که هیبت سلطنت را زیان دارد.

چو لقمان دید کاندر دست داوود	همی آهن به معجز موم گردد
نپرسیدش چه می‌سازی که دانست	که بی‌پرسیدنش معلوم گردد

***

یکی از لوازم صحبت آن است که خانه بپردازی یا با خانه‌خدای درسازی.

حکایت بر مزاج مستمع گوی	اگر خواهی که دارد با تو میلی
هر آن عاقل که با مجنون نشیند	نباید کردنش جز ذکر لیلی

***

هر که با بدان نشیند اگر نیز طبیعت ایشان در او اثر نکند به طریقت ایشان متهم گردد وگر به خراباتی رود به نماز کردن، منسوب شود به خمر خوردن.

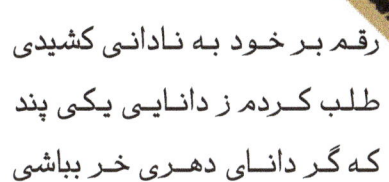

رقم بر خود به نادانی کشیدی   که نادان را به صحبت برگزیدی
طلب کردم ز دانایی یکی پند   مرا فرمود با نادان مپیوند
که گر دانای دهری خر بباشی   وگر نادانی ابله‌تر بباشی

***

حلم شتر چنان که معلوم است، اگر طفلی مهارش گیرد و صد فرسنگ برد، گردن از متابعتش نپیچد؛ اما اگر دره‌ای هولناک پیش آید که موجب هلاک باشد و طفل آنجا به نادانی خواهد شدن، زمام از کفش درگسلاند و بیش مطاوعت نکند که هنگام درشتی ملاطفت مذموم است و گویند: دشمن به ملاطفت دوست نگردد، بلکه طمع زیادت کند.

کسی که لطف کند با تو خاک پایش باش
وگر ستیزه برد در دو چشمش آکن خاک
سخن به لطف و کرم با درشت‌خوی مگوی
که زنگ‌خورده نگردد به نرم سوهان پاک

***

هر که در پیش سخن دیگران افتد تا مایهٔ فضلش بدانند، پایهٔ جهلش معلوم کند.

ندهد مرد هوشمند جواب   مگر آنگه کز او سؤال کنند

گرچه بر حق بود مزاج سخن　　حمل دعویش بر محال کنند

***

ریشی درون جامه داشتم و شیخ از آن هر روز بپرسیدی که چون است و نپرسیدی کجاست. دانستم از آن احتراز می‌کند که ذکر همه عضوی روا نباشد و خردمندان گفته‌اند: هر که سخن نسنجد، از جوابش برنجد.

تا نیک ندانی که سخن عین صواب است
باید که به گفتن دهن از هم نگشایی
گر راست سخن گویی و در بند بمانی
به زآن که دروغت دهد از بند رهایی

***

دروغ گفتن به ضربت لازم ماند که اگر نیز جراحت درست شود، نشان بماند. چون برادران یوسف که به دروغی موسوم شدند، نیز به راست گفتن ایشان اعتماد نماند. قالَ بَل سَوَّلَت لَکُم اَنفُسُکُم اَمرا.

یکی را که عادت بُوَد راستی　　خطایی رود درگذارند از او
وگر نامور شد به قول دروغ　　دگر راست باور ندارند از او

***

اَجَلّ کائنات از روی ظاهر آدمی است و اَذَلّ موجودات سگ و به اتّفاق خردمندان، سگِ حق‌شناس به از آدمی ناسپاس.

| سگی را لقمه‌ای هرگز فراموش | نگردد ور زنی صَد نوبتش سنگ |
| وگر عمری نوازی سفله‌ای را | به کمتر تندی آید با تو در جنگ |

***

از نفس‌پرور هنروری نیاید و بی‌هنر سروری را نشاید.

| مکن رحم بر گاو بسیاربار | که بسیارخُسب است و بسیارخوار |
| چو گاو ار همی‌بایدت فربهی | چو خر تن به جور کسان در دهی |

***

در انجیل آمده است که ای فرزند آدم! گر توانگری دهمت، مشتغل شوی به مال از من وگر درویش کنمت، تنگدل نشینی. پس حلاوت ذکر من کجا دریابی و به عبادت من کی شتابی؟

| گه اندر نعمتی مغرور و غافل | گه اندر تنگدستی خسته و ریش |
| چو در سَرّا و ضَرّا حالت این است | ندانم کی به حق پردازی از خویش |

***

۲۴۰

ارادت بی‌چون، یکی را از تخت شاهی فروآرد و دیگری را در شکم ماهی نکو دارد.

وقتی‌ست خوش آن را که بود ذکر تو مونس
ور خود بود اندر شکم حوت چو یونس

***

گر تیغِ قَهر برکشد، نبی و ولی سر درکشد وگر غمزهٔ لطف بجُنباند، بَدان به نیکان در رساند.

گر به محشر خطابِ قهر کند   انبیا را چه جایِ معذرت است
پرده از رویِ لطف گو بردار   کاشقیا را امیدِ مغفرت است

***

هر که به تأدیب دنیا راه صواب نگیرد، به تعذیب عُقبی گرفتار آید. وَلَنُذیقَنَّهُم من العَذاب الأدنی دوُنَ العَذابِ الأکبرِ.

پند است خطاب مهتران، آن‌گه بند   چون پند دهند و نشنوی بند نهند

***

نیک‌بختان به حکایت و امثال پیشینیان پند گیرند، زآن پیش‌تر که پسینیان به

واقعهٔ او مثل زنند. دزدان دست کوته نکنند تا دستشان کوته کنند.

نرود مرغ سوی دانه فراز		چون دگر مرغ بیند اندر بند
پند گیر از مصائب دگران		تا نگیرند دیگران به تو پند

***

آن را که گوش ارادت گران آفریده‌اند، چون کند که بشنود و آن را که کمند سعادت کشان می‌برد، چه کند که نرود؟

شب تاریک دوستان خدای		می‌بتابد چو روز رخشنده
وین سعادت به زور بازو نیست		تا نبخشد خدای بخشنده

***

از تو به که نالم که دگر داور نیست		وز دست تو هیچ دست بالاتر نیست
آن را که تو رهبری کسی گم نکند		وآن‌راکه‌توگم‌کنی، کسی‌رهبرنیست

***

گدای نیک انجام به از پادشای بد فرجام.

غمی کز پی‌اش شادمانی بری		به از شادی‌ای کز پسش غم خوری

***

زمین را ز آسمان نثار است و آسمان را از زمین غبار. کلُّ اِناءٍ یَتَرشَّحُ بِما فیهِ.

گـرت خـوی مـن آمـد نـاسـزاوار تو خوی نیک خویش از دست مگذار

***

حق جلّ‌وعلا می‌بیند و می‌پوشد و همسایه نمی‌بیند و می‌خروشد.

نعوذبالله اگر خلق غیب‌دان بودی کسی به‌حال‌خود از دست‌کس نیاسودی

***

زر از معدن به کان کندن به در آید وز دست بخیل به جان کندن.

دونـان نـخورنـد و گـوش دارنـد گـویـنـد امـیـد بـه کـه خـورده

روزی بـیـنـی بـه کـام دشـمـن زر مـانـده و خـاکـسـار مـرده

***

هر که بر زیردستان نبخشاید، به جور زبردستان گرفتار آید.

نه هر بازو که در وی قوّتی هست به مردی عاجزان را بشکند دست

ضعیفان را مکن بر دل گزندی که درمـانـی بـه جـور زورمـنـدی

***

عاقل چون خلاف اندر میان آمد بجهد و چو صلح بیند لنگر بنهد که آنجا سلامت بر کران است و اینجا حلاوت در میان. مُقامر را سه شش می‌باید، ولیکن سه یک می‌آید.

هزار باره چراگاه خوش‌تر از میدان ولیکن اسب ندارد به دست خویش عنان

***

درویشی به مناجات در می‌گفت: یا رب بر بدان رحمت کن که بر نیکان خود رحمت کرده‌ای که مر ایشان را نیک آفریده‌ای.

***

اوّل کسی که عَلَم بر جامه کرد و انگشتری در دست، جمشید بود. گفتندش: چرا به چپ دادی و فضیلت راست راست؟ گفت: راست را زینت راستی تمام است.

فریدون گفت: نقّاشان چین را که پیرامون خرگاهش بدوزند

بدان را نیک دار ای مرد هشیار که نیکان خود بزرگ و نیک‌روزند

***

بزرگی را پرسیدند: با چندین فضیلت که دست راست را هست، خاتم در انگشت

چپ چرا می‌کنند؟ گفت: ندانی که اهل فضیلت همیشه محروم باشند؟

آن که حظ آفرید و روزی داد   یا فضیلت همی‌دهد یا بخت

***

نصیحت پادشاهان کردن کسی را مسلّم بود که بیم سر ندارد یا امید زر.

موحّد چه در پای ریزی زرش   چه شمشیر هندی نهی بر سرش

امید و هراسش نباشد ز کس   بر این است بنیاد توحید و بس

***

شاه از بهرِ دفع ستمکاران است و شحنه برای خونخواران و قاضی مصلحت‌جوی طرّاران. هرگز دو خصمِ به حق راضی، پیش قاضی نروند.

چو حق معاینه دانی که می‌بباید داد   به لطف به که به جنگ آوری به دل‌تنگی

خراج اگر نگزارد کسی به طیبت نفس   به قهر از او بستانند و مزد سرهنگی

***

همه‌کس را دندان به ترشی کند شود، مگر قاضیان را که به شیرینی.

قاضی چو به رشوت بخورد پنج خیار   ثابت کند از بهرِ تو ده خربزه‌زار

***

قحبهٔ پیر از نابکاری چه کند که توبه نکند و شحنهٔ معزول از مردم‌آزاری.

جوان گوشه‌نشین شیرمرد راه خداست
که پیر خود نتواند ز گوشه‌ای برخاست

***

جوان سخت می‌باید که از شهوت بپرهیزد
که پیر سست‌رغبت را خود آلت برنمی‌خیزد

***

حکیمی را پرسیدند: چندین درخت نامور که خدای عزّوجلّ آفریده است و برومند، هیچ‌یک را آزاد نخوانده‌اند، مگر سرو را که ثمره‌ای ندارد، در این چه حکمت است؟ گفت: هر درختی را ثمره‌ای معیّن است که به وقتی معلوم به وجود آن تازه آید و گاهی به عدم آن پژمرده شود و سرو را هیچ از این نیست و همه‌وقتی خوش است و این است صفت آزادگان.

بر آنچه می‌گذرد دل منه که دجله بسی پس از خلیفه بخواهد گذشت در بغداد
گَرَت ز دست برآید، چو نخل باش کریم وَرَت ز دست نیاید، چو سرو باش آزاد

***

دو کس مُردند و حسرت بردند: یکی آن که داشت و نخورد و دیگر آن که دانست و نکرد.

کس نبیند بخیل فاضل را که نه در عیب‌گفتنش کوشد
ور کریمی دوصد گنه دارد کرمش عیب‌ها فروپوشد

خاتمهٔ گلستان

تمام شد کتاب گلستان والله المستعان به توفیق باری عزّ اسمه. در این جمله چنان که رسم مؤلفان است، از شعر متقدّمان به طریق استعارت تلفیقی نرفت.

کهن‌خرقهٔ خویش پیراستن به از جامهٔ عاریت خواستن

غالب گفتار سعدی طرب‌انگیز است و طیبت‌آمیز و کوته‌نظران را بدین علّت زبان طعن دراز گردد که مغز دماغ بیهوده بردن و دود چراغ بی‌فایده خوردن کار خردمندان نیست، ولیکن بر رای روشن صاحب‌دلان که روی سخن در ایشان است، پوشیده نماند که دُرّ موعظه‌های شافی را در سِلک عبارت کشیده است و داروی تلخ نصیحت به شهد ظرافت برآمیخته تا طبع ملول ایشان از دولت قبول محروم نماند‌ف الحمدلله ربّ العالمین.

ما نصیحت به جای خود کردیم روزگاری در این به‌سر بردیم
گر نیاید به گوش رغبت کس بر رسولان پیام باشد و بس

***

يا ناظراً فيه سَل باللهِ مرحمةً　　على المصنفِ و استَغفِر لصاحِبِه

و اَطلُب لِنَفسِکَ مِن خيرٍ تُريدُ بها　　مِن بعدِ ذلِکَ غُفراناً لكاتبه

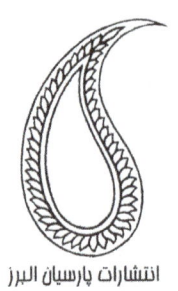

انتشارات پارسیان البرز

Kidsocado Publishing House

این مجموعه بسیار نفیس که در دست شما است
با استانداردهایی مانند فونت ساده برای سهولت خواندن ایرانیان
خارج از کشور و طراحی داخلی زیبا و متن کامل
با کوشش و همکاری دو موسسه یعنی
موسسه انتشارات البرز پارسیان در ایران و
خانه انتشارات کیدزوکادو در کانادا
تهیه شده است.
هر دو موسسه با هدف بسیار والای جهانی کردن
آثار شعرا و نویسندگان
ایرانی این فعالیت را ادامه داده
و امیدوارست به زودی
آثار با ارزشی از ادبیات غنی ایران به
خانه‌ها و کتابخانه های شما هدیه دهد.

آثار ادبی دیگری که می‌توانید از این مجموعه تهیه کنید و از آن لذت ببرید:

اینجا را کلیک کنید: